Studien zur Unterhaltungswissenschaft

Dr. phil. Sacha Szabo, Unterhaltungswissenschaftler am Institut für Theoriekultur, Freiburg, legt mit diesem Sammelband eine Theorieinstallation vor, die beides sein will: einerseits eine Wissenschaft von der Unterhaltung und andererseits unterhaltende Wissenschaft. So lassen sich die einzelnen Beiträge einerseits als kultursoziologische Analysen eines Film lesen, andererseits zeichnen sie eine lebendige filmsoziologische Diskussion nach, wie nämlich – durch die unterschiedlichen Zugangsweisen – ein Objekt in viele verschiedene Objekte zerfällt. Mit diesem Vorgehen reagiert die Unterhaltungswissenschaft seismographisch auf die Erschütterung der Erkenntnis durch eine heterogene und kontingente Wirklichkeitserfahrung.

Institut für Theoriekultur
Studien zur Unterhaltungswissenschaft

Band 3

Artefakt: „Körper"

Skizzen zu einer Soziologie des Schmerzes. 10 Zugänge zu David Finchers Film „Fight Club"

von

Sacha Szabo (Hg.)

Tectum Verlag

Sacha Szabo (Hg.)

Artefakt: „Körper".

Skizzen zu einer Soziologie des Schmerzes.
10 Zugänge zu David Finchers Film „Fight Club"
Lektorat: Christiane Waldmann („Die Textkontrolleure“)

Studien zur Unterhaltungswissenschaft; Band 3
Umschlagabbildung: © Max Orlich
ISBN: 978-3-8288-2744-8
ISSN: 1867-7622

Besuchen Sie uns im Internet
www.tectum-verlag.de

Bibliografische Informationen der Deutschen Nationalbibliothek
Die Deutsche Nationalbibliothek verzeichnet diese Publikation in der Deutschen Nationalbibliografie; detaillierte bibliografische Angaben sind im Internet über http://dnb.ddb.de abrufbar.

In Gedenken

An Robert Paulson

Inhaltsverzeichnis

Sacha Szabo

Einleitung

„Willkommen beim Fight Club.
Regel Nr. 1 des Fight Club ist: Man redet nicht über den Fight Club.“[1]

Wie soll man über etwas schreiben, worüber zu sprechen verboten ist. Ganz einfach indem nicht *darüber* sondern *mit*gesprochen wird. Immer wieder wird kolportiert, dass sich jemand „wirklich“ um die Aufnahme in Tyler Durdens Fight Club bemüht hat. Ja, auch wir haben Anträge an Tyler Durdens Adresse geschickt.

Was ist aber der Fight Club? Die vorliegende Textsammlung basiert auf einem Hollywoodfilm von David Fincher aus dem Jahre 1998 eben dieses Namens. Um kurz

1 Fight Club (USA/Deutschland 1999, R: Fincher, David), min. 00:40

die Handlung wiederzugeben machen wir es uns einfach und kopieren sie von der Rückseite der Film-DVD:

> „Der an chronischen Schlafstörungen und Langeweile leidende Jack lernt den charismatischen Seifenverkäufer Tyler Durden kennen. Diese Begegnung verändert sein Leben radikal, denn Tyler glaubt, dass nur Selbstzerstörung das Leben wirklich lebenswert macht. Nach einer Sauftour beginnen die beiden, nur so zum Spaß, sich zu verprügeln und erleben dadurch den ultimativen Kick. Der „Fight Club" ist geboren und findet schnell Anhänger in ganz Amerika, die sich in geheimen Zirkeln schlagen, um die Freuden der physischen Gewalt zu erleben. Überwältigt gerät Jack immer tiefer in den faszinierenden Sog der Anarchie. Doch bald drohen Tylers terroristische Pläne außer Kontrolle zu geraten. Jack versucht ihn aufzuhalten und wird mit der schockierenden Wahrheit konfrontiert..." [2]

Diese Handlung ist die Grundlage der Diskurse, die in diesem Buch versammelt sind und sich auf unterschiedlichste Weise mit Schmerz und Körper auseinandersetzen. Da nun aber das Sprechen über den Fight Club verboten ist, sollten wir die Texte selbst als „Fight" verstehen.

Wir sehen verschiedene Argumentationen, die auf ihre jeweils eigene Art um Erkenntnis kämpfen und um Wahrheit ringen. Argumentation wird in diesem Buch als Kampfkunst vorgeführt und dabei werden wir Boxer und Fechter, Sprinter und Marathonläufer sehen. Es werden dabei Widersprüche, aber auch Überstimmungen zwischen den Texten sichtbar, die jeweils eine Facette des Gesamtbildes beleuchten und so das Gesamtobjekt erstrahlen lassen.

Dabei – und das ist das Besondere dieses wissenschaftlichen Fight Clubs – geht es nicht um den Sieg, nein, es geht um die Beschäftigung, die Auseinandersetzung und den Kampf mit dem Erkenntnisobjekt. Denn die letzte und wichtigste Regel des Fight Clubs lautet:

„Und die achte und letzte Regel:
Am ersten Abend im Fight Club ... muss man kämpfen."[3]

Der Herausgeber

---

2 Backcover der DVD: Fight Club (USA/Deutschland 1999, R: Fincher, David),

3 Fight Club, min. 00:40

Lisa Lorenz

Die Akte Tyler Durden

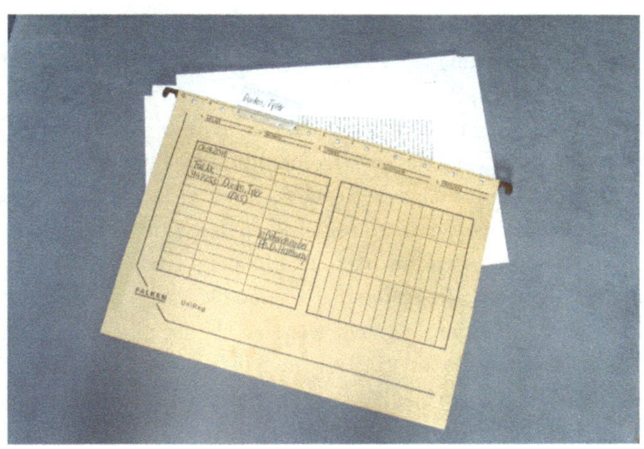

Inhalt:

a) Die dissoziative Identitätsstörung, das Krankheitsbild
b) Medizinisches Gutachten
c) Eine Diagnose mit Ph. D. Donna Haraway

a) Die Dissoziative Identitätsstörung, das Krankheitsbild

Bei der DIS (Dissoziative Identitätsstörung) leidet der Betroffene unter einer gespaltenen Identität. Mehrere Persönlichkeiten oder Personenfragmente können abwechselnd die Kontrolle über das Verhalten des Erkrankten erlangen. Man spricht von so genannten alternierenden Identitäten.[1] Dissoziativ kommt vom lateinischen Wort Dissoziation und bezeichnet Trennung, Zerteilung, insbesondere den Zerfall von Bewusstseinszusammenhängen.[2] Der Personenwechsel wird vom Betroffenen selbst meist gar nicht wahrgenommen. Der Anzahl der verschiedenen Personen, die dem Erkrankten innewohnen, sind nach oben hin keine Grenzen gesetzt. Die Identitäten unterscheiden sich drastisch von einander und verhalten sich meist konträr zur eigentlichen Identität, der primären Identität.[3] Jeder Personenteil verfügt über eigene Charaktereigenschaften und Werte und spielt seine Rolle im Gesamtbild der Person. Je nachdem, wie stark diese Persönlichkeiten ausgeprägt sind und wie oft sie vom Bewusstsein des Betroffenen Besitz ergreifen, ist es möglich, dass diesen Identitäten, von der primären Identität, Namen gegeben werden. Häufig gibt es eine dominantere Identität und die erkrankte Person ist dieser ausgeliefert, es ist ihr nicht möglich, sich ihr zu widersetzen, selbst wenn alle Eigenschaften der „fremden" Person den eigenen Moralvorstellungen widersprechen. Sie bleibt passiv und im Hintergrund, ist oft depressiv im Verhalten. Es können andererseits aber auch Identitätsgruppen entstehen, bei der die einzelnen Eigenschaften nicht so genau ausgeprägt sind wie zum Beispiel bei einer Schar kleiner Kinder.[4] Auch die Geschlechtergrenze scheint von den Betroffenen außer Kraft gesetzt. So kann auch eine männliche Identität von einer weiblichen Betroffenen Besitz ergreifen. Typisch für das Krankheitsbild ist, dass sich der Erkrankte nicht an die Handlungen der anderen Identitäten erinnern kann. Denn das Handeln der verschiedenen Personen wird selbst als das Handeln fremder Personen erlebt, mit dem der Betroffene nicht in Verbindung steht, denn alle Gedanken und Gefühle der gespaltenen Persönlichkeiten bleiben dem Bewusstsein der Primä-

---

1 Overkamp, Bettina: Differentialdiagnostik der Dissoziativen Identitätsstörung (DIS) in: Deutschland-Validierung der Dissociative Disorders Interview Schedule (DDIS). Berlin 2005, S. 51.

2 Schmidt, Heinrich: Philosophisches Wörterbuch. Neu bearb. von Georgi Schischkoff. 20.Auflage. Stuttgart 1978, S.129.

3 Overkamp: Differentialdiagnostik (DIS), S. 50.

4 Vgl.: Fallbeschreibung aus: S. Stübner/G. Völkl/M. Soyka: Zur Differentialdiagnose der Dissoziativen Identitätsstörung (multiple Persönlichkeitsstörung), in: Der Nervenarzt 5/1998, S. 440-445.

ridentität verborgen. Man spricht deshalb auch von der Unfähigkeit, diese verschiedenen Wesen mit ihren unterschiedlichen Facetten im Bewusstsein zu integrieren. Die Krankheit kann unterschiedlich stark ausgeprägt sein und muss nach außen hin nicht unbedingt auffallen. Zu den Symptomen zählen:[5] Angstzustände sowie Phobien und Panikattacken. Stimmungsschwankungen und Depressionen bis hin zu Suizidgedanken und Selbstverletzung. Probleme in zwischenmenschlichen Beziehungen, diesbezüglich auffälliges Verhalten und sexuelle Dysfunktionen sowie Schlaflosigkeit, Flashbacks, Gedächtnislücken und in schwerwiegenden Fällen Amnesien. Häufig ist zu beobachten, dass Patienten nicht wissen, wie bestimmte Gegenstände an einen Ort gekommen sind und sie diese überhaupt nicht wieder erkennen. Wenn Erkrankte mit ihren eigenen Handlungen konfrontiert werden, leugnen sie diese und streiten sie vehement ab. In einigen Fällen sprechen die Betroffenen von sich selbst im Plural und geben an, dass mehrere Personen in ihnen existierten.[6] Auf ihre Umwelt wirken sie seltsam und befremdlich, da der Identitätswechsel sehr schnell und in kurzen Zeiträumen erfolgen kann und wie oben erläutert meist mit Stimmungsschwankungen verbunden ist.

Der Begriff der dissoziativen Identitätsstörung ist eng verknüpft mit dem der Hysterie.[7] Als Auslöser der Krankheit wurde ein organisches Phänomen vermutet: die Gebärmutter (griechisch: hystera). Erst später wurde erkannt, dass der Hysterie vielmehr psychische als physische Ursachen zugrunde liegen. Vorreiter auf diesem Gebiet war Pierre Janet (1859-1947),[8] der den Begriff der Dissoziation prägte (im französischen: désagrégation). Janet ging davon aus, dass jeder Mensch über so genannte Automatismen verfügt, die in ihrer Gesamtheit unser Bewusstsein sind. Kommt es nun zur Dissoziation also zur Abspaltung eines solchen Automatismus, kann dies dazu führen, dass der Automatismus eine Eigendynamik entwickelt und somit für die betroffene Person nicht mehr kontrollierbar ist. Sigmund Freud beschäftigte sich ebenfalls mit der Hysterie und mit der Theorie Pierre Janets.[9] Er argumentierte jedoch mit den Triebwünschen des Menschen. So sei der sexuelle Triebwunsch des Menschen Auslöser der Hysterie, da sich dieser weder mit den gesellschaftlichen, noch mit den inneren Normen vereinbaren ließe. Dieser innere Konflikt und die Verdrängung des sexuellen Triebwunsches würden durch die Erkrankung an Hysterie nach außen getragen und somit äußerlich sichtbar werden.

---

5 Overkamp: Differentialdiagnostik (DIS), S. 45-47.

6 Stübner/Völkl/Soyka: Zur Differentialdiagnose der DIS, S. 442-443.

7 Spitzer, C./Freyberger, H. J.: Geschlechterunterschiede bei dissoziativen Störungen, in: Bundesgesundheitsblatt-Gesundheitsforschung-Gesundheitsschutz 1/2008, S.46-52, S.46.

8 Ebd.: S.47 und Overkamp: Differentialdiagnostik (DIS), S. 20-24.

9 Spitzer /Freyberger: Geschlechterunterschiede, S.47.

Heute geht man davon aus, dass traumatische Ereignisse, vor allem in der Kindheit, Auslöser für die DIS sind. Wie beispielsweise Misshandlungen, Missbrauch, Vernachlässigung, Gewalt und Erfahrungen mit dem Tod durch Unfälle und Katastrophen. Besonders einschneidend sind Erlebnisse, die in Verbindung mit der Familie stehen. Je früher das traumatische Ereignis geschieht, das heißt je jünger das Kind ist, desto größer ist das Potential an der DIS zu erkranken. Die Flucht in verschiedene Identitäten ist folglich eine Art Überlebensstrategie, die die Betroffenen anwenden, um ihr Erlebtes zu verdrängen.[10]
Da die Erforschung und die Diagnose dieser Krankheit recht schwierig sind – es ist hoch kompliziert an die eigentliche Person heran zu kommen, da man nie weiß, mit wem man jetzt gerade spricht – gibt es viele Diskussionen darüber, ob die Krankheit überhaupt in dieser Form existiert oder ob sie sogar vom Therapeuten suggeriert wird.[11] Auch Tests, bei denen jede einzelne Identität des Erkrankten separat befragt wird, wie beim Rohrschach-Test,[12] liefern keine eindeutigen Ergebnisse. 1992 wurde die False Memory Syndrom Foundation von einem Ehepaar gegründet, dessen Tochter nach einer begonnenen Therapie plötzlich den Gedanken entwickelte, sie sei ein Inzuchtopfer. Sie interpretierte alle Erlebnisse aus ihrer Vergangenheit so um, dass sie zu ihrer Theorie des Missbrauchs passten. DIS kann weder exakt diagnostiziert noch ihre Suggeriertheit empirisch bewiesen werden.[13]

b) Medizinisches Gutachten

Erste Anzeichen für eine Dissoziative Identitätsstörung traten beim Patienten im Alter von ca. 30 Jahren auf. Der Patient litt unter chronischer Schlaflosigkeit, weshalb er nach geraumer Zeit auch einen Arzt konsultierte. Dieser nahm die Beschwerden jedoch nicht ernst genug, obwohl der Patient aussagte, dass er teilweise an anderen Orten aufwache, ohne zu wissen, wie er dort hingekommen sei.[14] Der Mediziner riet ihm stattdessen, eine Selbsthilfegruppe für Männer mit Hodenkrebs zu besuchen, um zu sehen, was echtes Leid bedeute. Nach eigenen Angaben ermöglichte der Besuch der Selbsthilfegruppe es dem Patienten, endlich wieder einmal in Ruhe zu schlafen. Woraufhin er sich für weitere Selbsthilfegruppen eintrug. Anzumerken wäre hier, dass der Patient keinerlei Probleme damit hatte, dass seine Mitmenschen davon aus-

---

10 Ebd.: S. 49, 50 und Overkamp: Differentialdiagnostik (DIS), S. 56-58.

11 Ebd.: S. 59-60 und Stübner/Völkl/Soyka: Zur Differentialdiagnose der DIS, S. 440.

12 Overkamp: Differentialdiagnostik (DIS), S. 54.

13 Ebd.: S.68-69 und Stübner/Völkl/Soyka: Zur Differentialdiagnose der DIS, S. 440-441.

14 Fight Club (USA/Deutschland 1999, R: Fincher, David), min. 00:05.

gingen, er wäre schwer erkrankt. Es gelang ihm sogar, mit den Gruppenmitgliedern zu weinen. Es scheint, als wäre es dem Patienten gelungen, sein eigenes Leid und seine eigenen Probleme zu verdrängen, in dem er sich Tag für Tag davon überzeugte, dass es anderen Menschen noch schlechter gehe als ihm selbst. Somit konnte er einer Konfrontation mit sich selbst aus dem Weg gehen. Der Patient bewohnte eine durchschnittliche Wohnung, die, laut seiner Aussage, mit IKEA-Möbeln eingerichtet war und von ihm stets in Ordnung gehalten wurde. Auch seine Arbeit als Rückrufkoordinator erledigte er immer zur Zufriedenheit seines Vorgesetzten. Alles in allem schien der Patient ein sehr normales, fast durchschnittliches Leben zu führen, wirkte nach außen stets korrekt und freundlich. Über seine sozialen Kompetenzen lässt sich nur schwer urteilen. Festzustellen ist jedoch, dass er kaum engere soziale Kontakte pflegte und zum Zeitpunkt des Ausbruchs der Krankheit auch in keiner Beziehung lebte. Seine Kontakte scheinen eher oberflächlicher Natur gewesen zu sein und auch seine Selbsthilfegruppenbesuche stellen den Patienten eher als einen Menschen dar, der nicht über seine Gefühle sprechen kann und sich nur schwer auf weitgreifendere Bindungen einlassen kann. Doch die Zeit der Selbsthilfegruppen war sofort vorbei, als Marla Singer in die Gruppen kam.[15] Sie hatte ebenfalls keines der Leiden und war aus dem gleichen Grund dort, wie der Patient selbst. Schlagartig wurde dem Patienten bewusst, dass er nicht anders war als M. Singer und die heilende Wirkung der Gruppen war für ihn verloren. Zu seiner wiederkehrenden Schlaflosigkeit kamen nun auch Suizidgedanken. Der Patient gestand, dass er sich während seiner Geschäftsreisen, die meist mit langen Flügen verbunden waren, oft wünschte, das Flugzeug würde abstürzen.[16] Seine Wunschvorstellungen mündeten sogar in Tagträume und Halluzinationen. Aus den Selbstmordgedanken und dem Wunsch, als neuer Mensch zu erwachen, kann man eindeutig die Unzufriedenheit des Patienten mit sich selbst erkennen: die Unzufriedenheit mit dem eigenen Leben.

Der Durchbruch der Dissoziativen Identitätsstörung ereignete sich auf einer dieser Flüge. Der Patient lernte, so erklärte er, Tyler Durden kennen, der sich im Flugzeug neben ihn setzte. Tyler Durden stellt selbst Seife her, kellnert gelegentlich auf luxuriösen Empfängen und jobbt nebenher im Kino, wo er die Filmrollen wechselt. Zudem verfügt er über Kenntnisse in der Sprengstoffherstellung. Während der Patient selbst ein geordnetes und geregeltes Leben führt, lebt Tyler Durden nur im Hier und Jetzt. Kurz: Tyler Durden ist das genaue Gegenteil meines Patienten. Bei seiner Tätigkeit als Kellner spuckt und uriniert er gelegentlich ins Essen.[17] Beim Wechseln der

[15] Ebd.: min. 05:00.
[16] Ebd.: min. 20:00.
[17] Ebd.: min. 32:00.

Filmrollen im Kino schneidet er gerne pornographische Szenen in die Filme,[18] was Freuds sexuelle Triebtheorie bestätigen dürfte. Nach der Landung kehrte der Patient zurück zu seiner Wohnung. Doch anstelle seiner Wohnung fand er nur einen Haufen Schutt und Asche vor. Eine bis Dato noch unbekannte Person hatte seine Wohnung in die Luft gesprengt.[19] Das Branddezernat wurde informiert und ermittelte im Folgenden in diesem Fall. Nachdem der Patient seinen Koffer verloren hatte – er hatte vergeblich an der Gepäckausgabe gewartet – war nun auch noch seine Wohnung zerstört, sein ganzer Besitz verloren. Es blieb ihm nur noch die Nummer von M. Singer und die von Tyler Durden, der ihm auf dem Flug eine Visitenkarte gegeben hatte. Weshalb mein Patient sich darauf einließ und Tyler Durden anrief, könne er nicht sagen.[20] Doch dieser Anruf stellt einen gravierenden Einschnitt im Krankheitsverlauf dar. Die beiden verabredeten sich und trafen sich in einer Bar. Nachdem der Patient keine Wohnung mehr hatte, zog er zu Tyler Durden in ein heruntergekommenes altes Haus, das wahrscheinlich bald abgerissen werden sollte. Mein Patient lebte dort unter fragwürdigen Umstanden im Dreck, zwischen Ratten und anfangs ohne jeglichen Kontakt zur Außenwelt. In dieser Zeit war der Patient stark mit sich selbst beschäftigt, da zusätzlich zu seinen Halluzinationen ein weiteres Symptom aufkam, das sich im Laufe der Zeit deutlich abzeichnete. Die Bereitschaft zur Gewalt. Aggression. Zusammenfassend kann an dieser Stelle gesagt werden, dass der Verlust der eigenen Wohnung den Weg für die Krankheit ebnete. „Diese Wohnung war mein Leben."[21], erklärte der Patient in einer unserer Sitzungen. Die Aussage symbolisiert das Ende des ursprünglichen Lebens als durchschnittlicher, normaler Bürger und markiert den Anfang für etwas Neues, bis jetzt noch unbekanntes.

Alles begann ganz harmlos mit einer kleinen Schlägerei zwischen dem Patienten und T. Durden. Nach dem Besuch im Pub forderte T. Durden den Patienten auf, ihn zu schlagen, so fest er nur könne.[22] Faszinierend an diesem Fall ist, dass mein Patient tatsächlich Verletzungen von jenem Kampf und von allen folgenden davon trug und deshalb sogar mehrfach ärztlich behandelt werden musste. Der Drang zur Selbstverletzung fügt sich in das Krankheitsbild der DIS ein und steht in enger Verbindung zu den Selbstmordgedanken. Das Verhältnis der beiden zueinander schien zunächst ausgewogen und freundschaftlich zu sein. An jedem Wochenende zogen die beiden los, um sich zu prügeln. Doch ein zweites Mal drängte sich M. Singer in die „heile Welt"

18 Ebd.: min. 31:00.
19 Ebd.: min. 24:00-25:00.
20 Ebd.: min. 26:00.
21 Ebd.: min. 54:00.
22 Ebd.: min. 30:00.

des Patienten. Sie rief an und behauptete, sie habe Schmerzmittel eingenommen und wolle sich umbringen und nur mein Patient alleine könne sie noch retten.[23] Da er M. Singer eher als Bedrohung empfand, ignorierte er den Anruf. Doch Tyler Durden, der den Telefonhörer ebenfalls in die Hand bekam, konnte M. Singer zur Hilfe eilen. Im Folgenden begannen die beiden eine Affäre. Aus den wochenendlichen Prügeleien entstand der berüchtigte „Fight Club", in dem sich die verschiedensten Männer aus allen Gesellschaftsschichten trafen, um sich zu prügeln. Auf meine Frage, was ihm denn an dieser Form der direkten Gewaltausübung so gefallen hätte, antwortete mein Patient: Nach einem Kampf sei alles andere im Leben nebensächlich geworden und man hätte das Gefühl, man könne einfach mit allem fertig werden. Man hätte sich nirgendwo lebendiger gefühlt als dort (im Fight Club).[24] Der Aussage meines Patienten zufolge, war Tyler Durden der Anführer des Fight Clubs und sorgte dafür, dass die acht Regeln des Fight Clubs[25] strikt eingehalten wurden.

Die ständigen Kämpfe gingen jedoch nicht spurlos am Patienten vorbei. In seinem Beruf wurde er nachlässiger, erledigte seine Arbeit unzuverlässiger und fiel allgemein durch seine Verletzungen und ignorantes Benehmen auf. Als mein Patient eines Tages die Liste mit den Regeln des Fight Clubs im Kopierer vergaß und sein Chef diese entdeckte, drohte die Kündigung. Doch indem sich der Patient selbst Verletzungen zufügte und es so aussehen ließ, als hätte ihn sein Vorgesetzter derart zugerichtet und zudem mit dem Verrat interner Firmengeheimnisse drohte, gelang es ihm, seinen Chef zu zwingen ihn als freiberuflichen Berater einzustellen. Dabei bezeichnete sich der Patient selbst als einen Psychopaten, der auch irgendwann einmal ausrasten könne.[26] Es zeichnet sich deutlich ab, dass die Gewaltbereitschaft des Patienten drastisch zunimmt. Dies spiegelt sich auch im Umgang mit dem Fight Club wieder. Tyler Durden begann Hausaufgaben an die Mitglieder des Fight Clubs zu verteilen. Zunächst waren es noch harmlose Aufgaben, wie zum Beispiel eine Prügelei anzufangen und dabei als Verlierer hervorzugehen. Doch diese Aufträge mündeten in eine regelrechte Zerstörungswut. Denkmäler, Kunstwerke und Gebäude wurden gezielt beschmutzt und zerstört, Brände gelegt und Luxusautos mit Baseballschlägern attackiert.

Auch in den Medien erregten die Vorkommnisse aufsehen und verbreiteten Verunsicherung. Zusätzlich, so erzählte der Patient, hatte Tyler Durden mit der Ausbildung von Mitgliedern begonnen. Nur wer eine harte, demütigende Prüfung bestand, wurde als Mitglied aufgenommen. Das Haus wurde voller und voller, die Anzahl der

---

23 Ebd.: min. 46:00.

24 Ebd.: min. 42:00.

25 Ebd.: min. 41:00.

26 Ebd.: min. 32:00, 73:00-74:00.

Mitglieder wuchs täglich. Die Männer lebten auf engstem Raum miteinander und waren unter anderem mit der Herstellung von T. Durdens berüchtigter Seife beschäftigt. Der Patient sagte aus, dass es Tyler Durdens Ziel war, sich eine Armee aufzubauen. Weshalb, habe er zu diesem Zeitpunkt noch nicht gewusst. Hier ist deutlich zu erkennen, dass die Erkrankung meines Patienten unkontrollierte Ausmaße annahm, er selbst gab zu, dass ihm zu diesem Zeitpunkt alles zu viel wurde, ihm alles über den Kopf wuchs. Dieser Prozess der Abnabelung von Tyler Durden, der kritischen Hinterfragung, war der erste wichtige Schritt des Patienten auf dem Weg zur Besserung. Die Gesamtsituation eskalierte, als Tyler Durdens Armee, Tyler Durden und der Patient eine politische Veranstaltung besuchten, die einberufen worden war, um dem Vandalismus in der Stadt Einhalt zu gebieten. Als Kellner verkleidet lauerten sie einem Politiker auf und zwangen ihn mit Gewalt und Drohungen, die Anschuldigungen gegen den Fight Club wieder zurückzunehmen, ja sogar zu widerrufen, dass es den Fight Club überhaupt gebe.[27] Grund dafür war das so genannte Projekt Chaos, das unter keinen Umständen gefährdet werden durfte.

Der Patient erfuhr, laut seiner Aussage, erst nach und nach vom Projekt Chaos, was ihn wütend und traurig zugleich machte, da er sich einerseits von Tyler Durden ausgeschlossen fühlte und andererseits einsehen musste, dass er keinerlei Kontrolle mehr über Tyler Durdens Taten und selbst nicht über sein eigenes Leben hatte. Bei einer Autofahrt provozierte Tyler Durden meinen Patienten aufs Äußerste. Er gab zu, dass er die Wohnung meines Patienten in die Luft gesprengt hatte.[28] In diesem Moment, so vermute ich, erwachte im Unterbewusstsein meines Patienten die schwache Idee der Realität. Nachdem Tyler Durden einen Autounfall provoziert hatte, erwachte der Patient erst wieder in Tyler Durdens Haus. Tyler Durden selbst war verschwunden. Um dem ganzen Chaos ein Ende zu setzen, machte sich mein Patient auf den Weg, um den Anführer des Fight Clubs zu suchen, er reiste kreuz und quer durch das ganze Land. Dabei konnte er feststellen, dass bereits überall Fight Clubs gegründet worden waren. Er berichtete mir:

> „Ich lebte in einem Zustand permanenter Déjà-Vues, überall wo ich hinging, kam es mir vor, als sei ich schon dort gewesen. Es war als würde ich einen Unsichtbaren verfolgen."[29]

[27] Ebd.: min. 90:00.

[28] Ebd.: min. 95:00.

[29] Ebd.: min. 105:00.

Aus den Erzählungen geht hervor, dass der Patient langsam begann die Zusammenhänge zu erkennen. Und schließlich wurde er auch als Tyler Durden wieder erkannt,[30] ein kurzes Telefonat mit M. Singer bestätigte, was er lieber verdrängen wollte. Er selbst war Tyler Durden – Tyler Durden ein Teil von ihm, eine zweite Identität.
In einem Hotelzimmer kam es dann schließlich zur Konfrontation und der Patient begann, sich mit seiner zweiten Identität auseinanderzusetzen. Als Erklärung für sein Auftauchen lieferte Tyler Durden folgende Erklärung:

> „Du hast einen Weg gesucht, dein Leben zu verändern und alleine hast du es nicht geschafft. All das, was du immer sein wolltest, das bin ich. Ich sehe aus, wie du aussehen willst, ich ficke, wie du ficken willst, ich bin intelligent, begabt. Und das wichtigste, ich habe all die Freiheiten, die du nicht hast.“ [31]

Dem Patienten ist hoch anzurechnen, dass er nach seiner Erkenntnis, seinem Erwachen versuchte, das Projekt Chaos aufzuhalten. Für ihn begann ein Wettlauf gegen die Zeit, gegen sich selbst, gegen Tyler Durden. Verzweifelt versuchte er herauszufinden, worin genau Projekt Chaos bestand und wurde schließlich fündig. Geplant war es, die Hauptsitze von Kreditkartenfirmen zu sprengen, um sämtliche Schulden zu löschen und somit einen Neuanfang für alle zu ermöglichen.[32]
Das Gericht möge nicht außer Acht lassen, dass mein Patient versuchte, M. Singer zu helfen, indem er ihr Geld gab um unterzutauchen, da er befürchten musste, dass Tyler Durden hinter ihr her war, weil sie über ihn Bescheid wusste und dem Projekt Chaos somit hätte gefährlich werden können. Bei einer Urteilsfindung muss berücksichtigt werden, dass der Patient sich selbst anzeigte und bei der Polizei ein umfassendes Geständnis ablegte. Da die Polizisten jedoch von Tyler Durden vorgewarnt und selbst Mitglieder des Fight Clubs waren, leiteten sie keine Schritte ein, sondern hielten den Patienten sogar gegen seinen Willen fest und drohten, ihm Gewalt anzutun, falls er sich wehre.[33] Letztendlich gelang dem Patienten jedoch die Flucht, indem er einem der Polizisten eine Waffe entwenden konnte. In einem der Kreditinstitute traf er schließlich erneut auf Tyler Durden. Versteckt in einem Lieferwagen befanden sich mehrere Kanister Nitro-Glyzerin, die zu einer Bombe verbunden worden waren. Nach einem schweren Kampf, gelang es meinem Patienten diese Bombe zu entschärfen. Doch für alle anderen Bomben, die zeitgleich mit dieser explodieren sollten, blieb keine Zeit mehr. Ein letztes Mal gelang es Tyler Durden, den Patienten zu über-

---

30 Ebd.: min. 106:00.
31 Ebd.: min. 107:00.
32 Ebd.: min. 116:00.
33 Ebd.: min. 116:00ff.

wältigen. Er fesselte ihn an einen Schreibtischstuhl und brachte ihn in die oberste Etage des Wolkenkratzers. Von dort hatte man einen optimalen Überblick über die ganze Stadt und konnte somit auch alle Kreditkarteninstitute, die gesprengt werden sollten, genau beobachten.

Mit der Pistole im Mund erwachte der Patient. Vergebens versuchte er seine zweite Identität davon zu überzeugen, Projekt Chaos zu stoppen. An dieser Stelle geschah, medizinisch gesehen, ein kleines Wunder. Mein Patient sah der Realität ins Gesicht. In einer unserer Sitzungen wendete ich eine durchaus umstrittene, wenn auch nicht minder erfolgreiche Methode an. Durch eine Hypnose konnte ich den Patienten in diese Situation zurückversetzen und hatte somit die Chance den bedeutenden Kampf der beiden Identitäten mitzuerleben. „Du bist eine Stimme in meinem Kopf! Du bist eine Halluzination verdammt, warum werde ich dich nicht los?“[34], diese Aussagen, verbunden mit einem deutlich erhöhten Puls und Schweißausbrüchen während der Hypnose, überzeugten mich. Der Patient leidet unter der Dissoziativen Identitätsstörung, die in diesem Fall nicht suggeriert sein kann. In seiner Verzweiflung gelang es meinem Patienten, sich in Erinnerung zu rufen, dass er selbst die Waffe in der Hand hält und nicht Tyler Durden. Für ihn blieb kein anderer Ausweg. Er richtete die Waffe auf sich selbst und schoss sich in den Mund.[35] Tyler Durden starb, der Patient überlebte, trotz schwerer Verletzungen. In diesem Moment brachten die Anhänger des Projekt Chaos Marla Singer in die oberste Etage des Hochhauses. Sie hatten sie ausfindig machen können und nahmen sie zum Schutz des Projekts in Gewahrsam. Mein Patient befahl, sie bei sich zu lassen und die Männer verschwanden. Der Patient hatte zwar die Dissoziative Identitätsstörung weitestgehend besiegen können, doch das Projekt Chaos konnte er nicht mehr stoppen. Beide beobachteten, wie sämtliche Gebäude der Stadt gesprengt wurden.[36] An dieser Stelle möchte ich nochmals darauf hinweisen, dass kein Mensch bei den Explosionen lebensbedrohend verletzt wurde, da das gesamte Wachpersonal eingeweiht war.

Allerdings ist nicht von der Hand zu weisen, dass der Patient meist äußerst aggressiv und rücksichtslos vorging, doch für seine Taten wird er sich ohnehin vor Gericht verantworten müssen. Der Prozess gegen den Patienten wurde bereits eingeleitet, nachdem auch durch die Medien und die Presse ein enormer Druck auf die Justiz ausgeübt wurde, da der Vandalismus in der Stadt und die Gerüchte über den Fight Clubs zunehmend für Unruhe sorgten.

---

34 Ebd.: min. 125:00.

35 Ebd.: min. 127:00.

36 Ebd.: min. 130:00.

Abschließend möchte ich nun noch auf mögliche Krankheitsursachen eingehen, die ich in der Zeit der Behandlung bereits feststellen konnte. Seit seiner Festnahme befindet sich der Patient bei mir in Behandlung. Als mögliche Ursache für den Ausbruch der DIS sehe ich hier die Unzufriedenheit des Patienten mit sich selbst und mit seinem Leben. Seine durchschnittliche, unpersönliche Wohnung, sein anstrengender Job und seine Unfähigkeit, dauerhafte soziale Bindungen einzugehen waren für den Durchbruch der Krankheit durchaus förderlich. Immer wieder hörte ich den Wunsch des Patienten, sein Leben nochmals von neuem zu beginnen, ganz von vorne anfangen zu können. Was sich im Übrigen auch im Projekt Chaos widerspiegelt. Auf die Frage eines Polizisten, weshalb er gerade Kreditkartenfirmen in die Luft sprengen wolle, antwortete mein Patient, dass man wieder bei null anfangen könne, wenn sämtliche Schulden gelöscht werden würden.[37] Als allgemeine Ursachen der DIS sind traumatische Erlebnisse durch Gewalt und durch Verlust zu nennen. Beides lässt sich beim Patienten finden. Durch seinen Job als Rückrufkoordinator war er ständig mit Gewalt konfrontiert. Seine Aufgabe war es, zu den Unfallorten zu reisen und anhand einer Formel zu berechnen,[38] ob es sich für den Autohersteller mehr lohnt, das Auto zurückzurufen, da im Laufe der Zeit Anzeigen drohen, oder ob die entstehenden Rückrufkosten die Beträge der außergerichtlichen Einigungen noch übersteigen würden. In einem solchen Falle wird keine Rückrufaktion eingeleitet. Nicht selten kam es vor, dass am Wagen noch menschliche Überreste zu finden waren.[39]
Zusätzlich darf die enorme moralische und seelische Belastung meines Patienten nicht unberücksichtigt bleiben. Es war seine Entscheidung, ein Auto wieder vom Markt zu nehmen oder fünf, zehn, zwanzig weitere Unfälle, bei denen noch mehr Menschen ihr Leben lassen könnten, in Kauf zu nehmen. Es ist kaum von der Hand zu weisen, dass solch eine psychische Belastung in den allermeisten Fällen bleibende Schäden verursacht. Oftmals sind die Betroffenen dieser Verantwortung nicht gewachsen, der Druck zerfrisst sie innerlich, sie entwickeln Schuldgefühle. Doch ich bin überzeugt, dass ein weiteres traumatisches Ereignis in der frühen Kindheit meines Patienten die Hauptursache für den Ausbruch der DIS ist. Während der ersten Gespräche stellte ich fest, dass es dem Patienten schwer fiel, über seine Vergangenheit und insbesondere über seine Kindheit zu sprechen. Bei seinen Berichten über die Beziehung zwischen Tyler Durden und Marla Singer erklärte er mir: „Ich bin wieder sechs Jahre alt und übermittle Botschaften zwischen meinen Eltern."[40] Zu einem späteren Zeit-

---

[37] Ebd.: min. 116:00.

[38] Ebd.: min. 20:00.

[39] Ebd.: min. 19:00 ff.

[40] Ebd.: min. 56:00.

punkt, als Tyler Durden ihn verlassen hatte und er allein in seinem Haus war, gab er an, er habe sich von allen verlassen gefühlt. Erst habe ihn sein Vater verlassen und dann Tyler Durden.[41] Angesprochen auf dieses Thema der Kindheit reagierte mein Patient äußerst abweisend. Ich kann an dieser Stelle nur Vermutungen darüber anstellen, was in seiner Kindheit passiert ist. Fest steht jedoch, dass ihn diese Ereignisse in jeder Hinsicht geprägt haben.

Die medikamentöse Behandlung des Patienten konnte von 10 mg Haloperidol und 300 mg Thioridazin auf 225 mg Clozapin herabgesetzt werden,[42] da der Heilungsprozess bei Therapiebeginn schon begonnen hatte. Die Therapie muss aus medizinischer Sicht jedoch noch aufrechterhalten werden, um einen Rückschlag zu verhindern. Bis der Patient seine traumatischen Erlebnisse aufgearbeitet hat, ist es noch ein langer Weg.

c) Eine Diagnose mit Ph. D. Donna Haraway

Donna Haraway, geboren 1944 in Denver, Colorado, wuchs in einer streng irisch-katholischen Arbeiterfamilie auf. Nach ihrem Studium der Zoologie, der Philosophie und der Literatur ging sie zu Forschungszwecken nach Paris und Yale. Ihr Studium beendete sie mit einer Dissertation über Organizitäts-Metaphern der Evolutionsbiologie. 1976 wurde ihre Dissertation unter dem Namen Crystals, Fabrics, and Fields: Metaphors of Organicism in Twentieth-Century Developmental Biology, veröffentlicht. Nach ihrem Studium widmete sich Haraway ganz der Forschung in den Bereichen der Technologie, der Biologie, der Science Fiction und der feministischen Theorien. Ihr besonderes Interesse galt der Verknüpfung dieser bisher als separat betrachteten Teilbereiche, um die Zusammenhänge zwischen Biologie, Technologie, Gender, Race und ihre Auswirkungen auf unsere Gesellschaft aufzuzeigen. Haraway nahm mehrere Lehraufträge an, unter anderem in Baltimore und Santa Cruz. 1973 ließ sie sich von ihrem homosexuellen Ehemann, Jaye Miller, scheiden. Die beiden lebten jedoch noch zusammen bis Jaye Miller 1991 an seiner HIV- Erkrankung starb. Im Jahre 2000 erhielt sie den J. D. Bernal Award für ihre Beiträge im Feld der Social Studies. Derzeit lebt und arbeitet Donna Haraway in der Schweiz. Dort unterrichtet sie Technoscience und feministische Theorie an der European Graduate School.[43]

---

41 Ebd.: min. 99:00.

42 Stübner/Völkl/Soyka: Zur Differentialdiagnose der DIS, S. 443.

43 Angaben zur Biographie entnommen aus: Harrasser, Karin: Donna Haraway: Natur-Kulturen und die Faktizität der Figuration, in: Moebius, Stephan / Quadflieg, Dirk: Kultur. Theorien der Gegenwart. Wiesbaden 2011. S.580-594 und The European Graduate School, Graduate

1991 erschien ihr drittes Buch unter dem Titel: Simians, Cyborgs, and Women: The Reinvention of Nature, das 1995 auch in Deutschland erschien.[44] Bei diesem Werk handelt es sich um eine Sammlung verschiedenster Aufsätze, die Haraway zu einem Buch verdichtete. Um den Film Fight Club von David Fincher in Zusammenhang mit diesem Werk zu bringen, möchte ich zunächst die Theorien und die Gedanken Haraways zusammenfassend darstellen. Allerdings werde ich mich hauptsächlich auf die für den Vergleich relevanten Themen beschränken.

Die Neuerfindung der Natur kreist vor allem um eine Metapher: der/die Cyborg. Bei Cyborgs handelt es sich um kybernetische Organismen, um Hybride aus Maschine und Organismus, die sowohl die gesellschaftliche Wirklichkeit als auch die Fiktion in sich vereinen.[45] Ursache für die Entstehung der Cyborgs sei dabei die Überschreitung dreier Grenzen in den USA Ende des 20. Jahrhunderts, so Haraway. Zum einen löse sich die Grenze zwischen Mensch und Tier auf. Die Evolutionstheorie zeige deutlich, wie nahe sich Mensch und Tier eigentlich stünden. Zum anderen würde die Grenze zwischen Mensch, Tier und Maschine immer undeutlicher werden, da den Maschinen bereits menschliche Aufgaben zuteil geworden wären. Die dritte Grenze aber sei die Grenze zwischen Physikalischem und Nicht-Physikalischem.[46] Wir alle leben in einer Welt, deren Grenzen verschwinden. Wie kann zu Zeiten der Technisierung und der Globalisierung Biologie, Ethik, Physik, Technik Soziologie und Philosophie voneinander getrennt werden? Die Gentechnik beispielsweise ermöglicht es zu klonen oder unser Wunschkind mit Hilfe der Präimplantationsdiagnostik zu designen. Diese technischen Errungenschaften stellen uns vor ganz neue Probleme, es geht hier nicht mehr einzig und allein um die Umsetzbarkeit, sondern auch um die Auswirkungen auf die Gesellschaft, darum, ob unser Handeln auch ethisch vertretbar ist. Das Internet verbindet uns, verschiedene Länder, verschiedene Kulturen, überwindet die Grenzen der Kommunikation. Alles ist eng miteinander verflochten, nicht mehr einzelnen Teilbereichen zuzuordnen. Kurz: „Wir leben im Übergang von einer organischen Industriegesellschaft in ein polymorphes Informationssystem…".[47] Wir alle sind Cyborgs.

---

and Postgraduate Studies: Donna Haraway-Biography, in: http://www.egs.edu/faculty/donna-haraway/biography/ (Stand der Abfrage: 02.03.2011).

44 Haraway, Donna: Die Neuerfindung der Natur. Primaten, Cyborgs und Frauen. Frankfurt/New York 1995.

45 Ebd.: S. 33.

46 Ebd.: S. 37-38.

47 Ebd.: S. 48.

Cyborgs, die diese Verflechtung unserer Gesellschaft symbolisieren als ein sich neu zusammensetzendes, kollektives und individuelles Selbst.[48] Unsere Werkzeuge seien dabei Kommunikation, Biotechnologie, Geschichten, Fiktion, Vision, Schrift, Text und Sprache, natürlich alles auf Basis der Elektronik und vor allem der Mikroelektronik.[49] Dadurch würden neue Probleme entstehen. Einerseits das Problem, eine einheitliche Sprache zu finden, die in allen Teilbereichen gültig ist. Als Beispiel bringt Haraway hier den genetischen Kode an: „Was früher als Organismus betrachtet wurde, ist heute ein Problem genetischer Kodierung…"[50]. Andererseits erfolge durch die Technisierung auch eine Miniaturisierung der Daten, was ein unheimliches Machtpotential berge, das unüberschaubar, da unsichtbar bliebe.[51] Diese Umstrukturierungen und neuen Entwicklungen in unserer Gesellschaft bezeichnet Haraway als die „Informatik der Herrschaft"[52].

Als Folge dieser neuen „Informatik der Herrschaft" sieht Haraway die „Brüchige[n] Identitäten"[53], die Auflösung der Dualismen Ich/Andere, Natur/Kultur und männlich/weiblich. Folglich könne man keine eindeutigen Grenzen mehr ziehen zwischen Rasse, Klasse und Gender. Vielmehr seien Identität und Geschlecht sozial und historisch konstruiert und keine Identifikation aufgrund biologischer Gegebenheiten mehr möglich.[54] „Warum sollte unser Körper an unserer Haut enden oder bestenfalls andere von Haut umschlossene Entitäten umfassen?"[55] Es müssen ständig neue Definitionen gesucht, verworfen und weiterentwickelt werden. In einer immer komplexer werdenden und sich ständig neu erschaffenden Welt stellt sich natürlich auch die Frage der Objektivität. Donna Haraway spricht in ihrem Kapitel über situiertes Wissen, über die Vision und erklärt, dass Objektivität eine Frage der Vision, also der Sichtweise sei. Dabei unterscheidet sie zwei verschiedene Sichtweisen. Die Sichtweise von oben und die Sichtweise von unten.[56]

Normalerweise würde man davon ausgehen, dass die Sicht von oben, aus der Vogelperspektive, den Überblick verschaffen und weitaus besser zur Objektivität führen kann, als die Sicht von unten. Den Wald vor lauter Bäumen nicht erkennen – so heißt es im Volksmund. Man soll etwas Abstand zu den Dingen gewinnen, lieber von

48 Ebd.: S. 51.
49 Ebd.: S. 51-52.
50 Ebd.: S. 52.
51 Ebd.: S. 38.
52 Ebd.: S. 48.
53 Ebd.: S. 40-48.
54 Ebd.: S.41, 44.
55 Ebd.: S. 68.
56 Ebd.: S. 83-84.

oben herabschauen, als von unten zu sehen und nichts mehr wirklich wahrzunehmen. Ganz anders argumentiert Haraway. Die Sicht von oben herab auf die Dinge, wie sie beispielsweise Gott innehat, sei viel zu einfach, zu bequem. Es bestünde die Gefahr der Romantisierung der Dinge, da mit Abstand betrachtet immer alles harmloser wirkt, Probleme kleiner erscheinen. Für sie ist der Blickwinkel von unten der Weg zur Objektivität. Die Perspektive des kleinen Mannes einzunehmen, der weniger Mächtigen, sei äußerst kompliziert und nur sehr schwer zu erlernen. Diese Sichtweise ist die komplexeste, da nur von unten wirklich alle Probleme und alle Auswirkungen erkannt werden können. Nur wenn man mitten im Wald steht, kann man erkennen, welche Bäume dort wachsen, welche Tierarten dort leben. Vom Braunbär bis zur Ameise kann alles wahrgenommen, alles viel detailreicher und somit objektiver gesehen werden.

Vision ist also der Weg zur Objektivität. Objektivität bedeutet, verschiedene Sichtweisen zu erkennen, zu verstehen und zu berücksichtigen. Zu realisieren, dass dieser Prozess niemals enden wird.

> „Das erkennende Selbst ist in all seinen Gestalten niemals abgeschlossen, ganz, einfach da oder ursprünglich, es ist immer konstruiert und unvollständig zusammengeflickt, und deshalb fähig zur Verbindung mit anderen und zu einer gemeinsamen Sichtweise ohne den Anspruch, jemand anderes zu sein."[57]

Weiterhin plädiert Haraway dafür, dass es kein universelles Wissen geben kann. Vielmehr solle von einer Partialität ausgegangen werden.[58] Objektivität, also Universalität könne nicht erreicht werden, denn man müsse, wie oben erläutert, davon ausgehen, dass nichts mehr so ist wie es war und so sein wird wie es ist. Alles verändert sich, muss neu definiert werden. Dennoch sei das Ziel der Visionen und der kritischen Hinterfragung eine „bessere Darstellung der Welt, d.h. >Wissenschaft<."[59] Im Gegensatz zu Aristoteles geht Haraway davon aus, dass man Objekte nicht als Rohmaterial oder bloße Dinge bezeichnen kann. Objekte seien wiederum Akteure, da sie selbst Verknüpfungen aus verschiedenen Teilbereichen verkörperten. Somit seien Handlungen lokale Praktiken.[60]

Objekte sind also nicht unschuldig und unberührt, sondern können ebenfalls Auslöser für weitere lokale Praktiken sein. Die Aufgabe der Cyborgs sei es jetzt, diese Gegebenheiten zu erkennen und Verantwortung zu übernehmen. In ihren folgenden

---

57 Ebd.: S.86.
58 Ebd.: S. 89.
59 Ebd.: S. 90.
60 Ebd.: S. 92 ff.

Aufsätzen „Im Streit um die Natur der Primaten" und „Die Biopolitik postmoderner Körper" erläutert Haraway ihre Theorien am Beispiel der Primatenforschung und am Beispiel des Immunsystems. Bei der Primatenforschung bezieht sie sich auf die Forschungsergebnisse einer damals noch relativ unbekannten Affenart, der Languren. Sehr ausführlich berichtet Haraway über die Forschungsstrategien und die Forschungshintergründe beginnend im 19. Jahrhundert bis hin zu den 70er/80er Jahren des 20. Jahrhunderts.[61] Der eigentliche Grund für die Erforschung der Lebensstrukturen und des Verhaltens der Primaten seien die eigene Gesellschaft und deren ungeklärte Probleme gewesen. In den 20er Jahren ging es beispielsweise um die Sexualität, um das Sexualverhalten der Primaten. Während der Anreiz in den 70er/80er Jahren eher das Aggressionsverhalten und das Verhalten der Gruppenmitglieder gegenüber Neugeborenen war, da in unserer Gesellschaft derzeit über häusliche Gewalt und Abtreibung debattiert wurde. Man erhoffte sich also Erkenntnisse, die einen Rückschluss auf unsere Gesellschaft zuließen. Die unterschiedlichen Vorgehensweisen der PrimatologInnen standen dabei aber im Vordergrund Haraway Interesses. Die ersten Primatologen, die das Feld betraten, berücksichtigten bei ihrer Tätigkeit meistens nur die männlichen Primaten. Die ersten Primatologinnen hingegen schenkten den Languren-Müttern mit ihren Neugeborenen besondere Aufmerksamkeit. Als Ergebnis dieser unterschiedlichen Forschungen zieht Haraway folgende Konsequenz. Niemand könne unabhängig von seiner Herkunft, der Gesellschaft, in der er lebt und von seiner Zeit sein.

> „PrimatologInnen erzählen Geschichten, die ihrer jeweiligen Zeit, Rasse, Klasse, ihrem Ort und ihrem Geschlecht – wie auch ihren Tieren – bemerkenswert entsprechen."[62]

Zusätzlich sehe ich ihre Theorie der Vision und der Partialität statt der Universalität bestätigt. Keiner der ForscherInnen ist es gelungen, das Verhalten der Primaten als Gruppenmitglieder und auch als Einzelwesen vollständig zu erfassen. Nur wenn wir wirklich alles berücksichtigen, ist dies ein Schritt zur Objektivität. Die Einschränkung auf einzelne Teilbereiche ist in einer solch komplexen Welt schlichtweg nicht mehr möglich. Das Immunsystem besteht aus zehn hoch zwölf Zellen, von denen jede einzelne ihre Aufgabe hat. Von multifunktionalen Makrophagen, T-Zellen auch bekannt als Fresszellen, über B-Zellen, die die Antigene produzieren, bis hin zu den Antikörpern und den Lymphokinen, den nicht-zellulären Produkten, die für die Kommunikation innerhalb des Immunsystems sowie zwischen dem Immunsystem

---

[61] Ebd.: S. 126-128.

[62] Ebd.: S. 127.

und dem Nervensystem zuständig sind.[63] Haraway bezeichnet das Immunsystem als einen Ort in dem

> „[...] globale und lokale Politiken, nobelpreisgekrönte Forschungen, eine Vielfalt kultureller Produktionen [...] medizinisch-klinische Praktiken, Anlagestrategien für Wagniskapital, weltverändernde wirtschaftliche und technologische Entwicklungen und intimste persönliche und kollektive Erfahrungen von Körperlichkeit, Verletzlichkeit, Macht und Sterblichkeit [...]"[64]

eng miteinander verflochten sind. Bei einer solch engen Verknüpftheit, steht für Haraway außer Frage, dass die unterschiedlichen Teilbereiche sich gegenseitig beeinflussen. Hier bringt sie die Theorie von Winograd und Flores an, die von einer Wechselwirkung von Interpretierenden und Interpretiertem ausgehen.[65] Auf das Exempel des Immunsystems übertragen bedeutet dies, dass zum Beispiel ein Virus aus der Außenwelt in den Körper eintritt. Die Zellen des Immunsystems können den Eindringling erkennen und ihn bekämpfen (hier tritt auch wieder der Dualismus Ich/Andere, eigen/fremd auf). Wenn nun eine Immunität gegenüber dem Virus oder gegenüber Teilen des Virus entsteht, wirkt sich diese wiederum auf die Außenwelt aus, da ein neuer Virus der gleichen Art jetzt keine Chance mehr hat, den Körper zu befallen.
Die feministischen Theorien Haraways ziehen sich durch das gesamte Buch und können zu einigen zentralen Thesen zusammengefasst werden. In ihrem Abschnitt über die Hausarbeitsökonomie[66] und am Beispiel der Primatenforschung macht Haraway deutlich, dass die ehemaligen patriarchalen Strukturen durch die gesellschaftlichen Entwicklungen nicht mehr aktuell sind und dass neue Definitionen von Rasse, Gender und Klasse gefunden werden müssen. Ein völlig neues Verständnis von Selbst, Individuum, Einheit und der Rolle der Frau sei von Nöten. „Feminismus ist demnach eine Suche nach neuen Geschichten und damit auch einer Sprache, die eine neue Vision von Möglichkeiten und Grenzen benennt."[67]
Durch ihren verwirrenden Schreibstil und ihre hohen Anforderungen an den Leser bezüglich der Vorkenntnisse in Bereichen der Biologie, der Technik, der Soziologie, der Philosophie und der feministischen Wissenschaftstheorie, sind ihre Texte oft erst beim dritten oder vierten Lesedurchgang verständlich.

---

63 Ebd.: S. 182.
64 Ebd.: S. 162.
65 Ebd.: S. 177.
66 Ebd.: S. 54 ff.
67 Ebd.: S. 124.

> „Die Leserin muss sich auf Haraways suggestive, widersprüchliche und barocke Figurenwelt und ihre ausufernde Verweisstruktur einlassen, um die Texte gewinnbringend zu lesen, wofür nicht unerhebliches Vorwissen erforderlich ist.“[68]

Andererseits spiegelt ihre Art zu schreiben ihre komplexe, ineinander greifende Theorie der Cyborgs in einer hoch technologischen und verflochtenen Welt wider. Denn „Wir sind immer mittendrin.“[69]

Mitten drin im Leben steckt auch der Protagonist des Films Fight Club, nach dem Roman von Chuck Palahniuk. Mitten drin und nirgendwo, auf der Suche nach sich selbst.

Im Folgenden möchte ich zwei Diagnosen des Films in Verbindung mit Donna Haraway vorstellen, wie sie unterschiedlicher und verwirrender nicht sein könnten.

Bei der ersten Diagnose sehe ich den Protagonisten als einen Cyborg, der erkannt hat, dass alte Definitionen ungültig geworden sind in einer Welt, in der die Grenzen verschwinden, in der alles eng miteinander verknüpft ist. Ein Cyborg, der einsieht, dass etwas verändert werden muss, dass die Dinge neu definiert werden müssen.

> „Du musst vergessen, was du weißt und das ist dein Problem. Vergessen, was du glaubst zu wissen über dein Leben, über Freundschaft und besonders über dich und mich.“[70]

Der Protagonist lebt in einer eher überschaubaren, fast zu normalen Wohnung. Er definiert sich über materielle Dinge wie seine IKEA-Wohnung, die ausschließlich mit Möbeln des schwedischen Einrichtungshauses ausgestattet ist. Über seinen Beruf und über seine Kleidung. Als er am Flughafen seinen Koffer nicht wieder erhält, bedauert er den Verlust seiner CK-Hemden und seiner Armani-Krawatten zutiefst.[71] Der Film Fight Club ist eine wahre Karikatur des Menschen, der sich nur über seine Markenkleidung, sein Geld und seine materiellen Besitztümer definiert. Der Film zeichnet ein Bild des Menschen als reinen Konsumenten, von dem es sich zu lösen gilt. In einem Gespräch in der Bar während eines der ersten Treffen des Protagonisten mit Tyler Durden, seiner zweiten Identität, wie sich später im Film herausstellen wird, fragt dieser: „Was sind wir eigentlich?“, woraufhin der Protagonist ratlos antwortet: „Konsumenten?“[72] .Aus diesen veralteten, festgefahrenen Definitionen wollte der Protagonist ausbrechen, sein altes Leben hinter sich lassen, ganz von vorne beginnen.

---

68 Harrasser: Donna Haraway, S. 586.
69 Haraway: Neuerfindung der Natur, S. 103.
70 Fight Club, min. 94:00.
71 Ebd.: min. 24:00.
72 Ebd.: min. 28:00.

Er selbst sah sich als einen „Sklaven des IKEA-Nestbautriebes“[73]. Ein Sklave der heutigen Konsumgesellschaft. Sein Ausweg aus dieser verfahrenen Situation ist der Fight Club. Durch die Gründung des Fight Clubs werden mehrere Grenzen überschritten. Der Protagonist gelangt selbst an seine Grenzen. Sowohl körperlich, durch Gegner im Fight Club, denen er nicht gewachsen ist, als auch psychisch, da er sich mit seiner zweiten Identität Tyler Durden auseinandersetzen muss. Er überschreitet die Grenze zur Gewalt und zur Aggression. Durch den rein körperlichen Akt der Prügelei überschreitet er die Grenzen der Distanz zu seinen Mitmenschen, die Grenzen der Etikette und des von der Gesellschaft erwarteten Verhaltens. Diese Grenzüberschreitungen bleiben nicht ohne Auswirkungen auf bis Dato abgegrenzte Teilbereiche. Seine ständigen Prügeleien hinterlassen blaue Flecken, Schürfwunden und Veilchen. Der geheim gehaltene Fight Club trägt seine Spuren in die Außenwelt und bleibt nicht ohne Auswirkungen auf die Berufswelt des Protagonisten. Anfangs kann sein Chef noch über die Vorfälle hinwegsehen, doch als er vom Fight Club erfährt, droht die Kündigung. Und auch die zerstörerische Kraft des Fight Clubs hat Wellen geschlagen. Die Gesellschaft ist beunruhigt durch die ständigen Brandstiftungen und Zerstörungsaktionen wie das Verwüsten von Denkmälern, Kunstgegenständen und Cafés. Das Prinzip von Winograd und Flores[74], das Haraway aufgreift, ist weitergedacht nichts anderes, als die Wechselwirkung der Teilbereiche untereinander. Das Handeln des Protagonisten wirkt sich auf andere, ehemals separate Teilbereiche aus. Ihm droht die Kündigung und die Medien schlagen bezüglich des Vandalismus Alarm. Diese Entwicklungen verändern wiederum das Handeln des Protagonisten. Er bedroht seinen Chef, um seinen Arbeitsplatz erhalten zu können[75] und er schleust sich und seine Armee bei einer politischen Veranstaltung ein. Dort bedroht er den Redner und zwingt ihn, die Taten des Fight Clubs und den Fight Club selbst zu verleugnen.[76] Dieser Kreislauf kann bis ins Unendliche getrieben werden. Der Kreislauf von Interpretierenden und Interpretiertem, vom Handeln und den damit verbundenen Auswirkungen. Bei seinem Versuch alles hinter sich zu lassen, überschreitet der Protagonist eine weitere Grenze. Die Grenze in seinem Innersten, zwischen seiner Identität und der Identität Tyler Durdens. Während zu Beginn des Films die Handlungen der beiden verschiedenen Identitäten noch deutlich auseinander zu halten sind, verschwimmt diese Grenze gegen Ende des Films zusehends. „Ist Tyler mein Albtraum

[73] Ebd.: min. 04:00.
[74] Haraway: Neuerfindung der Natur, S. 177.
[75] Fight Club, min. 32:00, 63:00, 64:00.
[76] Ebd.: min. 90:00.

oder bin ich seiner?"[77], fragt sich der Protagonist während seiner Suche nach Tyler Durden. Und auch die Schlüsselszene im Hotelzimmer[78] zeigt, dass der Protagonist und seine zweite Identität kaum noch auseinander zuhalten sind. „Stück für Stück wurde aus dir ein anderer Mensch: Tyler Durden."[79]
Zusammenfassend könnte man sagen, dass Tyler Durden und das Projekt Chaos den Wunsch des Protagonisten symbolisieren, die alte Welt mit ihren verkrusteten Vorstellungen und Definitionen zurückzulassen.

> „Du bist nicht dein Job, du bist nicht das Geld auf deinem Konto, nicht das Auto, das du fährst, nicht der Inhalt deiner Brieftasche und nicht deine blöde Cargo-Hose. Du bist der singende, tanzende Abschaum der Welt."[80]

Der Abschaum dessen, was in der Welt vor sich geht. Der Abschaum ist das Gemisch aller Teilbereiche der Gesellschaft, das Produkt einer immer komplexer werdenden, unüberschaubareren Welt. Der Abschaum besteht ebenso wie die Cyborgs aus einem sich ständig erneuernden, zusammengesetzten und sich neu interpretierenden Selbst. Die zweite Diagnose zeigt den Protagonisten als einen Cyborg, der keiner mehr sein will. In einer immer komplexeren und unübersichtlicheren Welt, in der es keine Grenzen mehr gibt, wünscht sich der Protagonist klare und eindeutige Definitionen zurück. Im Gegensatz zur ersten Diagnose könnte der Fight Club auch als eine Rückbesinnung auf klare Definitionen und eindeutige Regeln gelten. Wer dem Fight Club beitritt, muss sich streng an dessen Regeln halten, Grenzüberschreitungen werden nicht geduldet. Donna Haraways Theorie der Vermischung der einzelnen Teilbereiche wie Biologie, Technik und Ethik sorgt unter den Menschen für Verwirrung und Unsicherheit. Es ist kaum verwunderlich, dass in unserer heutigen Gesellschaft die traditionellen Werte wieder aufblühen, denn sie versprechen Sicherheit und Rückhalt. So ähnlich könnte es unserem Protagonisten ergangen sein. Die Welt um ihn herum war ihm zu unsicher, zu verwirrend. Sein Ausweg war die Gründung des Fight Clubs mit klaren und einfachen Regeln und die Flucht in eine zweite Identität: Tyler Durden. Er übernahm an Stelle des Protagonisten die volle Verantwortung für beide. Tyler Durden wusste, ähnlich wie Gott, immer einen Ausweg und die richtige Lösung. Erst gegen Ende des Filmes übernimmt die primäre Identität des Protagonisten wieder die Oberhand. Die Rückbesinnung auf alte Traditionen und Werte zeigt sich vor allem in der bewusst gelebten Männlichkeit des Protagonisten. „Cyborgs sind

---

77 Ebd.: min. 105:00.
78 Ebd.: min. 107:00 ff.
79 Ebd.: min. 109:00.
80 Ebd.: min. 81:00.

Geschöpfe der Post-Gender-Welt."[81] Donna Haraway zufolge sind Rasse, Klasse und Gender sozial konstruiert. Das Verständnis von Mann und Frau müsse dabei völlig neu definiert werden.[82]

Tyler Durden ist der Fleisch gewordene Männertraum. Sein Kleidungsstil unterscheidet sich deutlich von dem des Protagonisten. Während der Protagonist meistens spießige Anzüge trägt, sieht man Tyler Durden nur in Lederjacke, aufgeknöpften Hemden und mit Sonnenbrille. Die Mitglieder des Fight Clubs sind alle männlich und haben klare, unmissverständliche Regeln zu befolgen. Als sich der Protagonist und Tyler Durden das erste Mal prügeln, fragt Tyler Durden: „Was weißt du über dich, wenn du noch nie geprügelt hast? Ich will nicht ohne Narben sterben."[83] Aus diesem Zitat wird deutlich, über was sich der Fight Club und auch Tyler Durden definieren. Über Gewalt und Prügelei. Der Wunsch nicht ohne Narben zu sterben, passt dabei perfekt ins Bild. Narben stehen für harte Kämpfe und schwere Verletzungen die schon durch gestanden wurden und zeugen von ungeheurem Mut, und Kampfgeist. Während Narben bei Frauen eher als Makel gelten, sind sie bei Männern ein Indiz für ihre Kraft und Männlichkeit. Die Idee, eine Armee auszubilden, basiert auf Schikanen und Machtdemonstrationen seitens Tyler Durden. Er ist das Alphatier, der Anführer des Fight Clubs, was er durch permanente Demütigungen aufrechtzuerhalten sucht.[84] Die Höchststrafe im Fight Club ist das „Abschneiden der Eier". Diese Drohung zieht sich durch den gesamten Film und scheint höchst wirksam zu sein. Schon während der ersten Szenen wird der Zuschauer mit diesem Problem konfrontiert. Während seiner regelmäßigen Therapiebesuche lernt der Protagonist Bob kennen, der Mitglied in einer Selbsthilfegruppe für Männer mit Hodenkrebs ist. Bob leidet unter seiner Impotenz und durch die Hormonbehandlung sind ihm riesige Brüste gewachsen.[85] Verzweifelt sucht er Trost beim Protagonisten und sagt mit tränenerstickter Stimme: „Wir sind immer noch Männer." Worauf der Protagonist antwortet: „Ja, wir sind Männer, Männer, genau das sind wir."[86] Allerdings klingt er dabei keinesfalls überzeugt und scheint sich selbst durch die Wiederholung des Wortes „Männer" und durch Bestätigungen wie Ja und Genau davon überzeugen zu müssen. Seine zweite Identität, Tyler Durden, strotzt im Gegenteil nur so vor Männlichkeit. In seinen Nebenjob im Kino schneidet er beim Filmrollenwechsel Bilder seines Penis in die Filme ein, die in Sekundenbruchteilen zwischen den Szenen eines Kin-

81 Haraway: Neuerfindung der Natur, S. 51.

82 Ebd.: S. 95.

83 Fight Club, min. 32:00.

84 Ebd.: min. 84:00, 87:00.

85 Ebd.: min. 03:00.

86 Ebd.: min. 03:00.

derfilmes auftauchen. Bei seiner Tätigkeit als Kellner auf ausgewählten Empfängen uriniert, spuckt und onaniert er sogar in die Speisen und Getränke.[87] Auch seine sexuelle Beziehung mit Marla Singer zeugt von seiner ungeheuren Potenz. Die beiden haben so lauten und heftigen Sex, dass die Wände wackeln, das Licht flimmert und der Putz von den Wänden fällt.[88] Die Rückbesinnung auf das rein Körperliche, wie Sex und die Prügeleien im Fight Club, die mit bloßen Fäusten und ohne Hilfsmittel ausgetragen werden, symbolisiert die Abwendung von einer hoch entwickelten, technologischen Welt, in der Dank der Technik alles möglich erscheint. Eine Abwendung vom Cyborg, ein Schritt zurück, vielleicht zurück zum Urbild, zum Naturzustand des Mannes. Cyborgs „überspring[en] die Stufe ursprünglicher Einheit, den Naturzustand[...].“[89] , erläutert Haraway. Tyler Durden kehrt jedoch zu diesem Ursprung zurück, er ist ein Cyborg, der keiner mehr sein will, er will den unklaren Definitionen und verschwimmenden Grenzen entkommen.

> „Wir sind die Zweitgeborenen der Geschichte Leute, Männer ohne Zweck, ohne Ziel. Wir haben keinen großen Krieg und keine große Depression. Unser großer Krieg ist ein spiritueller, unsere große Depression ist unser Leben“[90],

erklärt Tyler Durden in einer seiner Reden vor der versammelten Mannschaft des Fight Clubs. Der Fight Club gibt ihnen all dies wieder zurück, klare Definition durch Gewalt, klare Regeln und Hierarchien. Ein weiterer Grund für die Gründung des Fight Clubs könnte eine Gesellschaft sein, in der die Frauen und DIE Cyborgs die Oberhand gewinnen, immer mehr Rechte einfordern und in die ehemaligen Männerbereiche eindringen und mit ihrem gelebten Feminismus die ehemals patriarchalen Strukturen der Welt für ungültig erklären.

> „ [...]Tyler use[s] the fight clubs and Project Mayhem as a cultural and economic production in order to reestablish a pure masculine position in a consumerist, emasculating urban world that threatens his/their existence.”[91]

Das Fazit dieser beiden vorgestellten Interpretationsweisen ist ernüchternd: Sowohl der Versuch, durch den Fight Club neue Freiheiten zu gewinnen, altes zurückzulassen und als Cyborg neue Definitionen zu finden, als auch der Versuch der modernen, hochkomplizierten, grenzenlosen Welt zu entkommen und sich zurück in wohl be-

---

87 Ebd.: min. 31:00-32:00.

88 Ebd.: min. 51:00 ff.

89 Haraway: Neuerfindung der Natur, S. 35.

90 Fight Club, min. 67:00.

91 Craine, James/Aitken, Stuart C.: Street Fighting: Placing the crisis of masculinity in David Fincher's Fight Club, in: Geojournal 4/2004. S. 289-296. S. 291.

wahrte Definitionen zu retten, scheitert. Der Ausbruch aus einer verfahrenen Konsumgesellschaft ist dem Protagonisten nicht möglich. Schnell holt ihn die Realität auf den Boden der Tatsachen zurück. Und auch die Flucht in alte Definitionen scheint ein Irrweg zu sein, diese Definitionen entsprechen eben diesem patriarchalen System, das mit unserer heutigen Gesellschaft nicht mehr vereinbar ist. Auf ironische Weise produziert der Film ein Idealbild eines Mannes, das jedoch von Anfang an zum Scheitern verurteilt ist.

Am Ende dieses Vergleiches stellen sich mir folgende Fragen: Ist der Protagonist also ein verkappter Cyborg, der seine Cyborg-Fähigkeiten umsetzen möchte, aber in den patriarchalen Strukturen der vermeintlich modernen Gesellschaft gefangen ist? Oder ist er ein Cyborg, der keiner mehr sein will, weil er unserer Gesellschaft nicht gewachsen ist, aber dennoch einer bleibt, da er nicht zu Altbewährtem zurück kann? Und im übertragenen Sinne: Sind wir Cyborgs oder sind wir keine? Können wir als Normalsterbliche als Nicht-Science-Fiction-Helden überhaupt Cyborgs sein, mit allem was dazu gehört, von Visionen über verknüpfte Welten bis hin zur Verantwortung für bis jetzt noch unüberblickbare Ausmaße? Oder bleibt uns vielleicht gar nichts anderes übrig als zu Cyborgs zu werden?

Meine Antwort lautet: Ich weiß es nicht. Denn wie Donna Haraway sagen würde: Alles ist eine Frage der Vision, des „Wie" des Sehens.[92] Um der Wahrheit, also der Objektivität ein Stück näher zu kommen, müssen mehrere Blickwinkel eingenommen werden und deshalb denke ich, dass das Problem auch die Lösung ist:

Die dissoziative Identitätsstörung!

---

92 Haraway: Neuerfindung der Natur, S. 85.

Quellenverzeichnis

Auster, Carol J./Ohm, Susan C.: Masculinity an Femininity in Contemporary American Society: A Reevaluating Using the Bem Sex-Role Inventory, in: Sex Roles 7-8/2000, S. 499-528.

Craine, James/Aitken, Stuart C.: Street Fighting: Placing the crisis of masculinity in David Fincher's Fight Club, in: Geojournal 4/2004, S. 289-296.

Fight Club (USA/Deutschland 1999, R: Fincher, David).

Haraway, Donna: Die Neuerfindung der Natur. Primaten, Cyborgs und Frauen. Frankfurt/New York 1995.

Harrasser, Karin: Donna Haraway: Natur-Kulturen und die Faktizität der Figuration, in: Moebius, Stephan/Quadflieg, Dirk: Kultur. Theorien der Gegenwart. Wiesbaden 2011. S.580-594.

Hopp, Jessica: Dramaturgie und Figurenkonstellation im modernen Hollywoodkino, in: http://www.uni-Potsdam.de/u/slavistik/vc/filmanalyse/arb_stud/hopp_stolz/docs/fight_club figurenkonzeption.htm (15.03.2011).

Overkamp, Bettina: Differentialdiagnostik der dissoziativen Identitätsstörung (DIS) in Deutschland-Validierung der Dissociative Disorders Interview Schedule (DDIS). Berlin 2005.

Scharfetter, Christian: Die Vielfalt der Persönlichkeit-Gefährdung der Einheit der Person?, in: Forum der Psychoanalyse 2-3/2003, S. 163-168.

Schmidt, Heinrich: Philosophisches Wörterbuch. Neu bearb. Von GeorgiSchischkoff. 20.Auflage. Stuttgart 1978.

Spitzer, C./Freyberger, H. J.: Geschlechterunterschiede bei dissoziativen Störungen, in: Bundesgesundheitsblatt – Gesundheitsforschung - Gesundheitsschutz 1/2008, S.46-52.

Stübner, S./Völkl, G./Soyka, M.: Zur Differentialdiagnose der dissoziativen Identitätsstörung(multiple Persönlichkeitsstörung), in: Der Nervenarzt 5/1998, S.440-445.

The European Graduate School, Graduate and Postgraduate Studies: Donna Harway-Biography, in: http://www.egs.edu/faculty/donna-haraway/biography/ (02.03.2011).

Warwick, Kevin: Cyborg morals, cyborg values, cyborg ethics, in: Ethics an Information Technology 3/2003, S. 131-137.

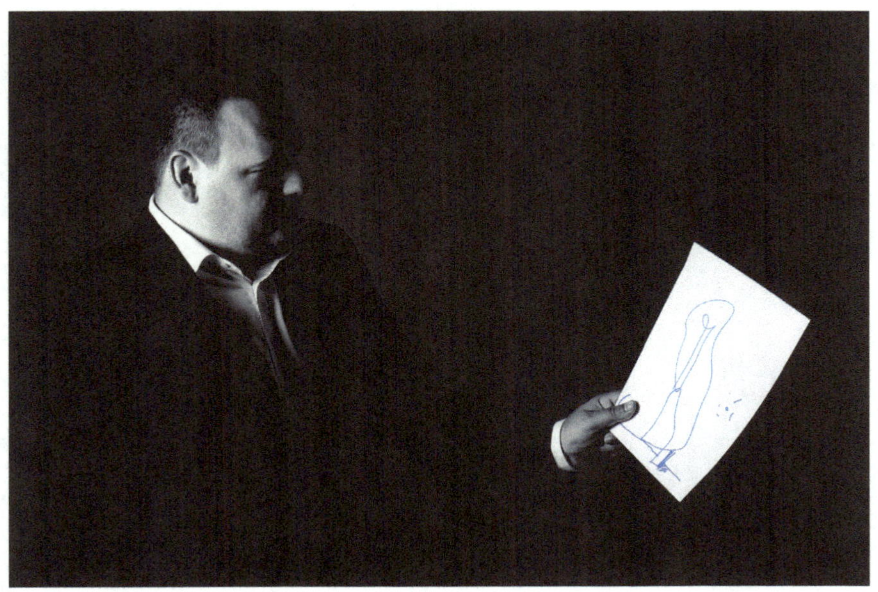

BBQ_Art 1

Florentine Schoog

What would Judith say

„What would Judith say?“[1] – „Was würde Judith (Butler) dazu sagen?“ Diese Frage habe ich mir immer wieder beim Schauen des Filmes „Fight Club“ gestellt, bei jedem Vorurteil, das bestätigt oder revidiert wird, bei jeder Identität, die hervorgehoben oder vernichtet wird, bei jeder Verwirrung, jeder Szene, jeder Minute. Judith Butler gilt als feministische Theoretikerin, eine Philosophin mit dekonstruktivistischem Ansatz. Sie hinterfragt und dekonstruiert! Gleiches will diese Analyse des Films „Fight Club“ anhand Judith Butlers wohl berühmtesten Buches „Das Unbehagen der Geschlechter“.

Kernaussagen – Judith Butler in „Das Unbehagen der Geschlechter“

> „Ich bin lesbisch, ja klar, aber unterschreibe ich deswegen alles was die Lesben- und Schwulenbewegung sagt? Bin ich immer zuerst Lesbe, noch vor meiner Eigenschaft als Frau oder als Jüdin, als Amerikanerin, Staatsbürgerin oder Philosophin? Das ist doch nicht meine einzige Identität. All das sind Gemeinschaften denen man angehört, oder eben nicht.“[2] (Judith Butler)

Judith Butler bricht mit der Vorstellung, es gäbe eine eindeutige Identität, eine Identität im Singular, vielleicht sogar mit der ‚Identität‘ allgemein, denn sie bricht mit Bezeichnungen, die wir jeden Tag benutzen, ohne sie zu reflektieren, sie bricht mit

---

1 Nach dem geflügelten Satz „What would Jesus do?“. Die veränderte Übernahme des Satzes beinhaltet allerdings keinesfalls den direkten Vergleich von Judith Butler mit Jesus Christus; lediglich die Idee, alles in Judith Butlers Lesart verstehen und den Satz dadurch immer anwenden zu können, hat mich zu dem Titel gebracht.

2 Judith Butler in: Judith Butler, Philosophin der Gender (Frankreich ARTE 2006, R: Zadjermann, Paul) (auf YouTube „Judith Butler 1“ Min. 1:10 (http://www.youtube.com/watch?v=zmlwM0i1yCw (25.03.11)).

allem, was wir nicht mehr reflektieren, weil es für uns längst ‚natürlich' geworden ist. Judith Butler ist eine dekonstruktivistische Theoretikerin. Wobei sie wohl mit dem Wort *‚ist'* nicht glücklich wäre, denn so schreibe ich ihr, durch diesen Sprechakt, eine Identität zu. Die Sprache ist eines der großen Themen Judith Butlers. Sie ist ein Ort der Macht und der Gestaltung, durch sie werden erst so genannte ‚Fakten' benannt und damit konstituiert. Diese Art von Sprechakt nennt man „Performativität". Butler verwendet hier den Begriff John Austins in radikaler Form.[3] Sprache hat bei ihr nicht nur beschreibenden, sondern handelnden Charakter. So wird Realität durch den Diskurs erschaffen und existiert nicht unbedingt davor. Der performative Sprechakt erzeugt durch wiederholtes Zitieren der Norm die Wirkung von Materialität. So verhält es sich auch mit der Geschlechtsidentität (gender) PLUS, und das ist Butlers extreme Fortführung feministischer Theorien, auch mit dem biologischen Geschlecht (sex). In „Das Unbehagen der Geschlechter" von 1991, könnte man sagen, dekonstruiert, bzw. bricht Judith Butler mit drei Annahmen[4]:

1. Sie ficht die Annahme an, das biologische Geschlecht sei ein natürliches Faktum. Dass die Geschlechtsidentität kulturell hervorgebracht und dadurch weder natürlich noch unveränderbar ist, darüber ist sich der überwiegende Großteil der Vertreter_innen der Feminismus-Bewegung seit Simone de Beauvoir und ihrem monumentalen Werk „Das andere Geschlecht" (1949) einig. Auch die damit verbundene Trennung von SEX (biologisches Geschlecht) und GENDER (Geschlechtsidentität) ist heute weitgehend angenommen. Es heißt, dass die Geschlechtsidentität vom biologischen Geschlecht abhängt, auf ihr aufbaut. Gender sei gesellschaftlich konstruiertes Resultat von sex. Judith Butler aber erkennt die biologisch-deterministische Funktion des Körpers nicht an, sie sieht den Ursprung woanders. Sie sagt nun, dass sex erst durch gender, also das angenommen Unabänderliche, erst durch gesellschaftliche Faktoren erschaffen worden ist. Ihre kritische Frage lautet: „Werden die angeblich natürlichen Sachverhalte des Geschlechts nicht in Wirklichkeit diskursiv produziert, nämlich durch verschiedene wissenschaftliche Diskurse, die im Dienste anderer politischer und gesellschaftlicher Interessen stehen?"[5] Was lässt uns eigentlich glauben, das Geschlecht sei vordiskursiv, etwas absolut Natürliches? Unser Wissen basiert ja gerade auf der Wissenschaft und ihrem wissenschaftlichen Diskurs! Butler hinterfragt genau das! Es handelt sich bei ihren Überlegungen aber keinesfalls um Verschwörungstheorien, sie geht von keinem_r ‚Täter_in' aus, denn „von entschei-

---

[3] http://www.hyperkommunikation.ch/lexikon/performativitaet.htm (29.03.11).

[4] Bublitz, Hannelore: Judith Butler – Zur Einführung, Hamburg 2010, S. 54.

[5] Butler, Judith: Das Unbehagen der Geschlechter, Frankfurt am Main 1991, S. 23f.

dender Bedeutung [...] ist, dass die Konstruktion weder ein einzelner Akt noch ein kausaler Prozess ist, der von einem Subjekt ausgeht und in einer Anzahl festgelegter Wirkungen endet."[6] Sondern sie ist Ergebnis der Performanz – Ergebnis wiederholter Beschreibungen, Umschreibungen, Bezeichnungen...

2. Sie argumentiert gegen die Binarität der Geschlechter. Also die Zweiteilung in ‚Mann' und ‚Frau' und der damit verbundenen zwangsläufigen Differenz zwischen beiden. „Selbst wenn die anatomischen Geschlechter in ihrer Morphologie und biologischen Konstitution unproblematisch als binär erscheinen [...], gibt es keinen Grund für die Annahme, dass es ebenfalls bei zwei Geschlechtsidentitäten bleiben muss"[7] Hier geht es wieder um die Trennung von der Biologie und der daraus folgenden oder eben nicht folgenden Identität. Die Beschränkung auf zwei ‚Ausführungen' unterdrückt diverse andere Möglichkeiten, sie verhindert Arten von Sexualität, „die mit den Hegemonien der Heterosexualität, der Fortpflanzung und des medizinisch-juridischen Diskurses [brechen]."[8]

3. Es kommt eine dritte Komponente ins ‚Spiel': das Begehren (desire). Judith Butler stellt neben der ‚unweigerlichen' Folge von Geschlechtsidentität auf das biologische Geschlecht auch den ‚unzertrennlichen' Zusammenhang von sex, gender und desire in Frage. Sie spricht von dieser Zwangsverknüpfung als „Matrix der Intelligibilität"[9], die da besagt, eine ‚Frau' (zum Beispiel) sei nur gesellschaftlich wahrnehmbar, wenn sie erstens biologisch eine Frau ist (sex), zweitens sich weiblich gibt (gender) und drittens Männer begehrt (desire). Wenn einer dieser Faktoren nicht zutrifft, ist der Mensch gesellschaftlich nicht intelligibel, nicht wahrnehmbar, ja noch nicht einmal existent. Diese Matrix der Intelligibilität unterliegt der heterosexuellen Zwangsmatrix, die, wie im letzten Zitat erläutert, einer Diversität von Sexualität hemmend entgegensteht.
Ich versuche in eigenen, einfachen Worten zusammenzufassen: Judith Butler möchte Verwirrung stiften! In ihrer Art, wie sie schreibt und wie sie denkt! Ihr Programm ist es zu dekonstruieren. Dabei geht es nicht unbedingt um die tatsächliche Möglichkeit zum Beispiel das biologische Geschlecht quasi hier und jetzt verändern zu können, eher um das Bewusstsein, dass auch das scheinbar Unantastbare einen ungewissen

6 Butler, Judith : Körper von Gewicht. Die diskursiven Grenzen des Geschlechts, in: Bublitz: Judith Butler, S. 32.

7 Butler: Das Unbehagen der Geschlechter, S. 23.

8 Ebd., S. 41.

9 Ebd., S. 39.

Ursprung hat. Sie untersucht und hinterfragt also alles, soweit das möglich ist, ohne eine Voranname.
In unserer Gesellschaft wurden Frauen lange unterdrückt und werden es auch heute noch. Und nicht nur Frauen, sondern alles, das abweicht von der Norm. Unsere Gesellschaft ist eine phallogozentrische, eine von Männern dominierte Gesellschaft und unterliegt gleichzeitig dem Normalismus, dem Zwang nicht abzuweichen von der Norm. Jeder Mensch untersteht dem Zwang kulturell intelligibel zu sein, um in dieser Gesellschaft (über)leben zu können. Der klassische Feminismus kämpft nun für die Rechte der Frau. Judith Butler kämpft für die Abschaffung oder zumindest kritische Relativierung der starren Kategorien ‚Männer' und ‚Frauen'. Denn die Unterschiede zwischen einzelnen Menschen sind weitaus größer, als die Unterschiede zwischen Mann und Frau. Die Konzentration der Gesellschaft auf die Binarität der Geschlechter ist überbewertet, wenn man davon ausgeht, dass es so viele Identitäten wie Menschen gibt. Die Möglichkeit einzugreifen liegt im gleichen Prozess, der die Kategorien erschaffen hat: in der Performanz. Im Moment der Wiederholung, also am Schnittpunkt, an dem ein Diskurs sich erneuert, kann es zur Veränderung in Form von Umdeutungen, subversiven Zitaten oder Unterbrechungen kommen.[10] Und das, „indem man die Geschlechter-Binarität in Verwirrung bringt und ihre grundlegende Unnatürlichkeit enthüllt."[11]
Die Frage oder das Hinterfragen, was wir alles für natürlich oder nicht halten, wird auch letztendlich in „Fight Club" gestellt und angesprochen. Doch zunächst einmal eine Zusammenfassung des 1999er Hollywoodfilms von David Fincher.

Zusammenfassung „Fight Club"

Der, sagen wir, typische Hollywood-Protagonist ist ein Held; doch in „Fight Club" ist er erst einmal ein durchschnittlicher Amerikaner, der in einem großen Büro arbeitet. Mittelgroß, unauffällig, nicht besonders stark, nicht dick, nicht allzu dünn. Mit einem Wort: mittelmäßig! Nach außen hin bemerkt keiner seiner Kolleg_innen, die wohl eher reine Kolleg_innen als Freund_innen sind, dass er an Schlafstörungen leidet. Für den Protagonisten, dessen Namen nicht einmal genannt wird, steigert sich die Situation allerdings ins Unerträgliche. Er beginnt in Selbsthilfegruppen zu gehen. Nicht aber Selbsthilfegruppen für Menschen, die an Schlafstörung leiden, sondern solche für Krebskranke und andere meist tödliche Krankheiten. Dort, wie er sagt,

10 Fenske, Uta : Mannsbilder – Eine geschlechterhistorische Betrachtung von Hollywoodfilmen (1946-1960), Bielefeld 2008, S. 40.

11 Butler: Das Unbehagen der Geschlechter, S. 218.

kann er sich fallen lassen, weinen und in der Nacht endlich wieder schlafen. Jäh gestört wird sein ‚Hobby', täglich in andere Gruppen zu gehen, von einer Frau, die genau das gleiche tut: Marla Singer. Mit ihrer bloßen Anwesenheit überführt sie den Protagonisten vor allem vor sich selbst, als Simulant und Heuchler. Die Besserung seiner Schlaflosigkeit ist dahin. An diesem Punkt seines Lebens lernt er den dubiosen Seifenhändler Tyler Durden kennen. Dieser Mann eröffnet dem unsicheren Protagonisten eine Welt ohne Regeln und Zwänge. Aus einer freundschaftlichen Prügelei auf einem Parkplatz wird ein regelmäßiges Treffen vieler Männer, die aus dem Alltag zu flüchten versuchen, indem sie sich in einem Kneipen-Keller gegenseitig verprügeln. Der Fight Club ist geboren. Der Klub, den Tyler und der Protagonist gemeinsam ins Leben gerufen haben, wird für letzteren seine neue, viel effektivere ‚Selbsthilfegruppe'. Der Zulauf wird immer größer, Massen an Männern und nur Männer konsultieren den Klub, Frauen sind nicht erlaubt. Trotzdem tritt wieder eine Frau in das Leben des Protagonisten und auch das Tylers, die mittlerweile zusammen in einem verfallenen Haus wohnen. Marla Singer meldet sich. Der Protagonist, der unterdessen begann sich in der Ich-Erzählung ab und an „Jack" zu nennen („Ich bin Jacks vergeudetes Leben"[12]), ignoriert sie, Tyler allerdings beginnt eine Affäre mit ihr. Das verfallene Haus, bereit zum Abriss, abseits der so genannten Zivilisation, avanciert immer mehr zum Mittelpunkt der Geschehnisse, spätestens seit Tyler, diesmal allein, das „Projekt Chaos" gründet. Ein Projekt, das sich die Zerstörung der gesellschaftlichen Ordnung zum Ziel gesetzt hat, um die Menschen an den „Null-Punkt" zu bringen, an dem ihnen wieder alles offen steht. Eine Art Befreiungsakt also. Die Mitglieder ziehen in das Haus mit ein, es wird zum Hauptquartier und Lager einer gleichgeschalteten Armee, angeführt von Tyler Durden. Die ‚Soldaten' hören auf bloße Nummern, ihre Namen haben sie abgegeben, die Haare abrasiert und das eigene Denken abgeschaltet „Die erste Regel des ‚Projekt Chaos' lautet: Es werden keine Fragen gestellt!"[13] Jack beginnt an Tyler, den er bis dato bewundert hat, zu zweifeln. Als dieser verschwunden ist, reist Jack ihm durch ganz Amerika nach und entdeckt unzählige weitere Zellen des „Projekt Chaos". Ihm schwebt eine Erkenntnis vor, die durch Marla Singer, Tylers Geliebten, offenbart wird: Jack ist Tyler. Marla Singer ist seine Geliebte. Er leidet an einer Persönlichkeitsstörung. Doch regierten anfangs beide noch ihr gemeinsames Leben zu gleichen Teilen, hat Tyler im Laufe der Zeit Jacks Leben total übernommen. Jack ist machtlos. Beim letzten großen Coup des „Projekt Chaos", der Zerstörung der größten Kreditkartenunternehmen im Land, um das Finanzsystem praktisch auf Null zu setzen und einen absoluten Neuanfang zu ermög-

12 Fight Club (USA/Deutschland 1999, R: Fincher, David), min. 76:14.

13 Ebd.: min. 88:57.

lichen, stehen sich Tyler und Jack als Rivalen gegenüber. Zwei Individuen, die sich um einen Körper, um eine Existenz streiten. Doch Jack spielt mit anderen Karten als Tyler. Letzterer baut auf seine Macht. Jack dagegen weiß, dass Tyler, den er selbst als starken, selbstbewussten Ideal-Typ erschaffen hat, nicht von ihm, seinem blassen, unsicheren Selbst, besiegt werden kann. Ihm bleibt nur der Mord, der Selbstmord: Jack schießt sich kurzerhand in den Mund, um so sich und vor allem Tyler zu töten. Schwerverletzt überlebt Jack. Sein Alter Ego Tyler hat er überwunden, doch sein Vermächtnis, der Höhepunkt von „Projekt Chaos“, ist nicht mehr aufzuhalten. Vor Blut triefend steht Jack mit seiner Geliebten Marla an der Hand am Fenster eines Hochhauses und sieht zu, wie Tyler ein letztes Mal zerstörerischen oder aber befreienden Einfluss auf den Lebensraum dieser Gesellschaft, Jacks Gesellschaft, nimmt.

„Mann-sein“ in der Gesellschaft

1. Geraubte Identität

Der Protagonist hat keinen Namen, er wird zumindest nicht genannt, denn der Name, die Individualität ist irrelevant. Dieser Mann ist nur ein Beispiel für den Prototyp des modernen Menschen, insbesondere des modernen Mannes. Er lebt in einem Hochhaus, das sich „Pearson Tower – A Place to be Somebody“ nennt. „Ein Ort, an dem man ‚Jemand‘ ist“... treffender wäre: „Ein Ort, an dem man ‚Irgendjemand‘ ist“. Die Anonymität der Stadt, der Gesellschaft macht aus Einzelnen beliebige Türen in Hochhäusern, nummerierte Arbeitskräfte in Registern. Man ist nicht mehr, wie vielleicht früher einmal auf dem Dorf, ein Name, nur weil man existiert. Nein, heutzutage muss man sich den Namen erarbeiten. Auch das romantische Bild vom unabhängigen Mann ist passé, in der Realität ist er eine austauschbare Büro-Kraft. Nicht einmal die angenommen ‚einfachste‘ Identität, der man sich gewiss sein konnte, die Geschlechtsrolle, ist garantiert. Die Gesellschaftsordnung hat sich im Laufe der Zeit geändert, Frauen sitzen im gleichen Büro, verdienen Geld, sind selbstständig. Ein ‚Objekt‘, über das man gesellschaftlich-legitimiert Macht ausüben konnte, hatte sich emanzipiert. Der Mann muss von seinem Universalanspruch, der ‚wahre‘ Mensch, das Subjekt zu sein, ablassen.

In Fight Club dringt Marla Singer, die einzige Frauenrolle von Bedeutung, sogar in Jacks Selbsthilfegruppe der Prostatakrebs-Erkrankten ein; es überspitzt den gefühlten Verlust der Männer, unter sich zu sein und so eine Identität zu konstituieren, die anhand ihres biologischen Geschlechts doch eigentlich nie jemand revidieren konnte. Unter anderem mit Simone de Beauvoir und später natürlich Judith Butler kamen die Gender-Studies auf, die der Gesellschaft verkündeten: die Geschlechtsidentität ist ein kulturelles Konstrukt. Für die Frauen bedeutet das ein Weg in die Freiheit und Unabhängigkeit. Ihre Unterdrückung ist keine Folge ihres Körpers, sondern kann verändert werden. Für die Männer allerdings bedeutet diese Erkenntnis das Gegenteil: Ihre Vormachtstellung muss nun gerechtfertigt werden. Den Frauen wird also die Freiheit zu neuen Identitäten und zur Reformulierung der Weiblichkeit gegeben, den Männern die einzige garantierte Identität genommen: „Männlichkeit entpuppt sich als Größe, die durch verschiedenste Faktoren [...] geformt und bestimmt wird.“[14] Aus diesem Verlust heraus scheint sich eine Angst vor Weiblichkeit und deren Repräsentant_innen, allen voran den Frauen konstituiert zu haben. Tyler Durdens schlimmstes Szenario für Männer, nach eigenen Angaben, wäre, wenn eine Frau einem Mann „im Schlaf den Penis abschneiden“[15] würde. Auch die Drohung, die eingesetzt wird von den Vertretern des Projekt Chaos ist die, die Hoden abzuschneiden. Der Verlust der biologischen ‚Männlichkeit‘ wird als das schwerwiegendste Übel dargestellt.

2. Unerreichbares Ideal

Während allerdings die theoretische Unzulänglichkeit des Begriffs „Männlichkeit“ ins Bewusstsein vordringt, steigt die Anforderung der Gesellschaft an die Männer, ‚maskulin‘ zu sein, auf der anderen Seite an. Ein Paradoxon unserer Gesellschaft. Je mehr die Gleichstellung der Geschlechter politisch vorangetrieben wird, desto intensiver, so scheint es, konstruieren die Medien und damit auch die Kultur ein neues/altes Bild von Geschlechtsidentität. Die so genannte „Männlichkeit“, genau wie die „Weiblichkeit“, stehen wohl für Stabilität, eine Größe, die man nicht hinterfragt. Auch wenn sie sich verändern, bilden sie doch eine Identität, die, wie schon erwähnt, im heutigen beschleunigten Leben für eine Komponente der Sicherheit sorgt. Niemand muss sich rechtfertigen weiblich oder männlich zu sein, in den Köpfen der Menschen steckt die Ansicht nach wie vor fest, Geschlechtsidentität sei ein Faktum und folge unweigerlich auf die Anatomie.

Das Bild des ‚modernen Mannes‘/der ‚modernen Frau‘ ist zwar ein anderes als es einmal war, aber die Fokussierung darauf ist die gleiche geblieben. Die Geschichte der Darstellung von Geschlechtsidentität zeigt wohlgemerkt einen gewaltigen Unterschied in der Repräsentation der beiden Identitäten auf: „Männlichkeit neigt [...] dazu eher performativ begriffen zu werden als Weiblichkeit.“[16] Das heißt quasi, dass immer eher davon ausgegangen wurde, dass eine Frau durch ihre pure Präsenz, ihre, sagen wir, ‚Anmut‘, weiblich ist. Passivität und die Nähe zur Biologie, die Verknüp-

---

14 Mädler, Kathrin : Broken Men – Sentimentale Melodramen der Männlichkeit im zeitgenössischen Hollywood-Film, Marburg 2005, S. 16.

15 Fight Club, min. 28:01.

16 Mädler: Broken Men, S. 16.

fung mit der Natur, dem Mütterlichen, führt zur Ansicht: Weiblichkeit ist angeboren. Männlichkeit dagegen sei etwas Aktives, etwas zu Beweisendes. Der Mann, verknüpft mit Geist und Tat, ist nicht einfach männlich, er muss sich männlich darstellen. Die Sprichwörter: „Einen Mann stehen", „Ein Mann muss tun, was ein Mann tun muss" etc. zeigen diesen Tatenzwang auf.

Aber wo kann man oder besser, wo muss man sich heute notwendigerweise noch beweisen? Im Fitnessstudio? Der ehemalige Bodybuilder Bob hat Prostatakrebs. Er verliert einen Teil seiner biologischen Männlichkeit, seine Prostata, bekommt aber durch die Medikamente einen riesigen weiblichen Busen. Sein Leben als muskulöser und damit maskuliner Mann ist vorbei, seine Frau verlässt ihn, seine Kinder wollen nicht mehr mit ihm in Kontakt treten. „Wir sind immer noch Männer." sagt Bob in der Selbsthilfegruppe, die sich „Remaining men together" nennt, zu Jack, worauf dieser antwortet „Ja, wir sind Männer, Männer, genau das sind wir".[17] Sie stellen das fest, während sie sich weinend im Arm liegen – keine besonders männliche Pose. Man sieht, wie wichtig die Identität als Mann überhaupt ist, sie kommt in diesem Beispiel noch vor der Identität als Vater, als Geliebter oder sogar als gesellschaftsfähiger Mensch. Denn ohne die ‚korrekte' Verknüpfung von biologischem Geschlecht, Geschlechtsidentität und Begehren ist ein Mensch kulturell unintelligibel. Bob verliert sein bisheriges Leben aufgrund der Matrix der Intelligibilität! Und die beschriebene Szene kann der Zuschauer auch nicht ernst nehmen, denn die Komponente gender trifft nicht zu; Stichwort: „Männer weinen nicht." Diese Wahrnehmbarkeit baut auch auf den Vorlagen der Medien auf. Materialität und Aussehen sind die modernen Plattformen, auf denen sich Männlichkeit abspielt. Die Models von Tommy Hilfiger oder Calvin Klein, wie sie im Film auf einem Plakat vorkommen,[18] legen dem ‚gewöhnlichen' Mann ein Image nahe, das er nie erfüllen kann. Sie geben Maßstäbe vor, die noch nicht einmal authentisch sein müssen, trotzdem aber die Minderwertigkeitskomplexe und damit den Konsumwillen der Männer anregen. Tyler Durden hält im Fight Club eine Rede dazu, über „die Generation der Zweitgeborenen der Geschichte", wie er sie nennt:

> „[Wir sind] Männer ohne Zweck, ohne Ziel. Wir haben keinen großen Krieg und keine große Depression. Unser großer Krieg ist ein spiritueller. Unsere große Depression ist unser Leben. Wir wurden durch das Fernsehen aufgezogen, in dem Glauben, dass wir alle irgendwann mal Millionäre werden, Filmgötter, Rockstars. Werden

---

17 Fight Club, min. 03:15.

18 Ebd.: min. 43:14.

> wir aber nicht...und das wird uns langsam klar. Und wir sind kurz, ganz kurz vorm Ausrasten."[19]

Auch der Protagonist, namenlos, beliebig, sah in seiner Wohnung, in seinen materiellen Anschaffungen sein Leben. Er dachte, wenn er alles hat, dann ist er vollkommen. Er wird von Tyler abfällig „Ikea-boy"[20] genannt, aber auch er will nichts mehr wissen von seinem „Wohndesign-Katalog"[21], auch er kann nicht mehr, auch ihm reicht es, er will ausrasten. So erschafft er sich Tyler, der ihm sagt: „Fühl' dich nie vollständig", der sagt: „Schluss mit der Perfektion"[22], „Sei verrückt!"[23]

Zurückerlangte „Männlichkeit"

Zurückerlangte Männlichkeit in Tyler Durden

> „All das, was du immer sein wolltest, bin ich!"[24]

Tyler Durden ist der perfekte Mann. Er erfüllt alle Klischees und alle Ideal-Vorstellungen eines ‚echten Mannes', der vor Männlichkeit nur so strotzt. Er ist sein eigener Herr, er ist neben der personifizierten Männlichkeit auch der Inbegriff eines, von den Gesellschaftszwängen losgelösten Individuums. In einer Studie von 1990 ergaben sich 43 „stereotype maskuline Eigenschaften"[25], die in mindestens 20 von 25 untersuchten Staaten übereinstimmten:

---

19 Ebd.: min. 67:00.
20 Ebd.: min. 127:27.
21 Ebd.: min. 05:28.
22 Ebd.: min. 29:24.
23 Ebd.: min. 33:03.
24 Ebd.: min. 108:43.
25 Hisnauer, Christian/Klein, Thomas (Hrsg.): „Männer – Machos – Memmen. Männlichkeit im Film", Mainz 2002, S. 16.

Anmaßend	Grausam	Selbstherrlich
Abenteuerlustig	Grob	Stark
Aggressiv	Hartherzig	Streng
Aktiv	Klar denkend	Stur
Dominant	Kräftig	Tatkräftig
Egoistisch	Kühn	Unabhängig
Ehrgeizig	Laut	Überheblich
Einfallsreich	Logisch denkend	Unbekümmert
Emotionslos	Maskulin	Unerschütterlich
Entschlossen	Mutig	Unnachgiebig
Erfinderisch	Opportunistisch	Unordentlich
Ergreift die Initiative	Rational	Unternehmungslustig
Ernsthaft	Realistisch	Weise
Faul	Robust	
Fortschrittlich	Selbstbewusst	

Tyler Durden ist all das.[26] Und Jack ist fast nichts von all dem. Jack ist der Durchschnittstyp, der nach einem Sein, wie Tyler es ist, strebt. Tyler, also im Grunde auch Jack, weiß das: „Ich seh‘ aus, wie du aussehen willst, ich ficke, wie du ficken willst, ich bin intelligent, begabt und das Wichtigste, ich habe all die Freiheiten, die du nicht hast."[27] In Tyler schafft sich Jack sein Ideal, dem er folgen kann. Er selbst hat nicht den Mut so zu sein, deswegen projiziert sein Inneres diese Eigenschaften auf eine vermeintlich andere Person. Diese Person ist nicht Teil der Gesellschaft, arbeitet nicht in einem Büro, hängt nicht an Materiellem, wie an seinem eigenen Leben. Diese Person hat überhaupt nichts, das sie verlieren könnte. Diese Person, Tyler Durden, ist das Ergebnis, wenn die „Generation der zweitgeborenen Männer" ausrastet. Tyler ist nicht nur ein Befreiungsschlag für Jack, sonder für unzählige andere auch. Das schlägt sich als erstes im „Fight Club" nieder.

Zurückerlange Männlichkeit im Fight Club

Der Fight Club – ein Klub für Aussteiger! Nicht solche, die den Mut haben, sich komplett von ihrer gewohnten Umgebung zu trennen, von der Gesellschaft ihrer

26 Mit Ausnahme von ‚fortschrittlich‘ und ‚opportunistisch‘, meiner Meinung nach.

27 Fight Club, min. 108:00.

Mütter und Väter. Nein, Aussteiger, die nach dem Kampf zurückgehen in ihr Leben, aber mit einem anderen Gefühl, dem Gefühl ein Mann zu sein – überhaupt etwas zu sein. „Wir sind die Generation von Männern, die von Frauen groß gezogen wurde"[28], sagt Tyler Durden und im Fight Club grenzen sie sich nun in diesem fast homoerotischen Exzess von der Mutter und aller anderen, der Männlichkeit entgegenstehenden Weiblichkeit ab. Es ist auch der Ort an dem sie imaginär gegen ihren Vater, ihren Boss, ihre Rivalen kämpfen. „Im archaischen und brutalen Ritual des Austeilen und Einstecken wird die Identität als Mann eindeutig bestimmbar."[29] In der modernen Gesellschaft ist der Körper im Grunde überflüssig geworden, die pure Muskelkraft, die man noch bei der Feldarbeit wirklich gebraucht hat, ist am Schreibtisch sinnlos geworden und damit ein wichtiger und zugleich fehlender Identifikationspunkt der Männer: die Kraft! Im Fight Club sind sie wieder zurückgeworfen auf den puren Leib. Nichts wirkt zivilisiert in solch einem Kampf. Sie prügeln sich mit den nackten Fäusten, ohne Hemd, ohne Schuhe. Mann gegen Mann. Und doch „ging es nicht um gewinnen oder verlieren, es ging nicht um Worte. [...] Wenn der Kampf vorbei war, war nichts gelöst, aber nichts war von Bedeutung. Hinterher fühlten wir uns alle errettet."[30] Das Entscheidende ist also der Akt selbst. Nicht einmal das Konkurrenzdenken, wie es auch oft den Männern zugeordnet wird. Es geht eher sogar um das Gegenteil: um eine Gemeinschaft. Um eine Identität! Man war zwar ein anderer Mensch im Fight Club, als in der Realität da draußen, aber man nahm etwas mit: ein Zugehörigkeitsgefühl! Es wurde gespeist von eben jenem abhanden gekommenen Identitätsgefühl, das zugleich das sich am natürlichsten anfühlende ist. Ein Klub nur für Männer. Das Prügeln, die rohe Muskelkraft sind Taten und Tatsachen, die man unweigerlich mit Männern in Verbindung bringt. Genau genommen nicht mit ‚Männern', sonder mit ‚Männlichkeit'. Männer sind sie auch im Büro, aber für das Ausleben der Männlichkeit, mit all ihren damit verbundenen Adjektiven, bietet nun der Fight Club neuen Raum. Auch Bob, der biologisch quasi kein ‚richtiger' Mann mehr ist, kann im Kampf seine Männlichkeit beweisen. Was beginnt als neue ‚Selbsthilfegruppe' für Männer wie Jack, in der sie sich vom Alltag erholen bzw. sich abreagieren können, schleicht sich langsam aus dem Untergrund in die Alltagswelt hinein. Das Ziel: die gesellschaftliche Ordnung zerstreuen, alle Menschen zum Punk Null bringen, an dem sie nichts mehr haben, ergo auch nichts mehr verlieren können. Der absolute Neuanfang! Im Fight Club und später im Projekt Chaos finden die Männer endlich ein Ziel, einen Zweck für ihr Leben. Ihr Zusammenhalt ist die

28 Ebd.: min. 38:40.

29 Mädler: Broken Men, S. 10.

30 Fight Club, min. 44:00.

Männlichkeit. Dafür sind sie bereit alles aufzugeben. Es erinnert an Soldaten, die an die Front ziehen. Die Aspiranten ziehen zu Tyler, der zum ‚Führer' hochstilisiert wird. Tyler verspricht ihnen nichts, er gibt ihnen lediglich ein Ziel, das sie blind verfolgen können und dann vielleicht überzeugt sagen werden: „Ein Mann muss tun, was ein Mann tun muss".

Überspitzter Konflikt

Erneuter Verlust der Identität

„Fight Club" gab den haltlosen Menschen, in diesem Fall Männer, eine Identität! „Projekt Chaos" allerdings überspitzt das ganze Gemeinschaftsgefühl so sehr, dass kein Individuum mehr neben dem Gemeinschaftswesen Platz hat. Projekt Chaos löscht die Identität wieder aus. Was noch ‚echte' Männer im Fight Club waren, sind jetzt, nach Tylers Worten: „Weltraumaffe[n]", „verwesende Biomasse, wie alles andere."[31] Auf einmal ist Tyler nicht mehr Jacks Traum-Ideal, sondern sein Albtraum. Es geht ihm zu weit! Für Tyler Durden gibt es keine ‚Menschen' mehr: „Wir sind alle Teile des selben Komposthaufens!"[32], sagt er. Was ein Befreiungsschlag für eine verlorene Identität war, wurde das Gegenteil: die Auflösung jeglicher Identität. Auch Tyler rasiert sich gegen Ende des Films die Haare ab. Individualität bedeutet nichts mehr, die erschaffene Figur Tyler hat sich verselbstständigt. Anhand von zwei Personen realisiert Jack, dass das anfänglich gemeinsame Projekt seines Alter Egos und ihm nichts mehr mit seinem Willen zu tun hat.

Zum einen ist da Robert Paulsen: Bob, bei dem sich Jack zum ersten Mal ausweinen konnte, gegen den er im Fight Club gekämpft hat, dessen Geschichte er kennt, dessen Freund er ist. Bob ist der Einzige, den Jack jemals (zumindest im Film) ‚Freund' nennt und vielleicht nicht nur das. Wie sich Jack in einer der ersten Szenen des Filmes an Bobs riesigem Busen ausweint, impliziert in Bob das Bild einer Mutterfigur. Für Jack ist Bob nicht unbedingt bzw. nicht nur ein Mann oder ein entmannter Mann oder ein Mitglied von Projekt Chaos, für Jack ist Bob ein Mensch! Bei einer Mission wird er von der Polizei erschossen, die anderen ‚Projekt Chaos'-Aspiranten wollen ihn, weil er ein „Beweisstück"[33] ist, im Garten verscharren, schließlich sind

---

31 Ebd.: min. 86:28.
32 Ebd.: min. 86:54.
33 Ebd.: min. 102:00.

die Aspiranten keine ‚Menschen' mehr in dem Sinne, sie haben keinen Namen, sie haben nur eine Funktion. Jack ist erschüttert: „Das ist ein Mensch. Das ist mein Freund. [...] Das ist Bob."[34]
Die andere Person ist eine Frau: Marla Singer. Es geht hierbei aber im Grunde nicht darum, dass sie eine ‚Frau' ist, sondern, dass sie die Person ist, die Jack liebt. Liebe wird allgemein, respektive von Wikipedia, als „Bezeichnung für die stärkste Zuneigung, die ein Mensch für einen anderen Menschen [...] zu empfinden fähig ist."[35] angesehen. Tyler spricht vom Sex mit ihr als „Sportficken"[36], was ihn auch nicht zu stören scheint, aber als Marla zu begreifen droht, dass Tyler und Jack ein und dieselbe Person sind, will ersterer sie loswerden. Jack dagegen sieht in Marla kein Problem, keinen Störfaktor, auch kein bloßes Objekt der Begierde, für ihn ist sie ein Mensch! Ein Mensch, den er liebt.

Tylers Ende! - und das Ende, wofür er stand?

In den letzten Minuten des Filmes kämpfen Tyler und Jack um die Vormachtstellung in der realen, körperlichen Person, in der beide stecken. Ein Kampf zwischen muskelspielender Männlichkeit und zum Individuum gewordener Menschlichkeit, um es pathetisch auszudrücken. Letztendlich besiegt Jack seine eigene Konstruktion. Seine Konstruktion, die gesellschaftliche Klischees bedient und gleichzeitig aus ihr aussteigen will. Er überwindet ihn mit Hilfe seines Verstandes, zwar auch eine Eigenschaft, die eher Männern zugeordnet wird, aber die entgegen des bisherigen dominanten Bildes des Mannes als Muskelprotz steht. Tylers Männlichkeit konnte ihn nicht vor seinem ‚Tod' beschützen. Im letzten Bild des Filmes bietet sich dem Zuschauer eine ungewöhnliche Ansicht: Jack steht, wieder ganz er selbst, am Fenster eines Hochhauses. Marla, die Person, die er liebt, hat er an der Hand. Emotionalität – nicht männlich. Seine Hose hat er verloren und er steht nur in Boxershorts da. Peinlichkeiten – nicht männlich. Er konnte den letzten großen Coup Tylers nicht verhindern. Versagen – nicht männlich. Trotz allem hat die Szene etwas Triumphierendes, vielleicht denkt der Protagonist: „Ich bin Jacks Menschlichkeit"... Zu „Where is my mind" von den Pixies stürzen schließlich die riesigen Gebäude des Finanzwesens, Zeichen einer Macht-orientierten, kapitalistischen Gesellschaft ein. Tylers Werk! Doch mit Tylers Untergang brechen die Hochhäuser vielleicht auch als Symbole eines phallogozentrischen Patriarchats in sich zusammen!

---

34 Ebd.: min. 102:28
35 http://de.wikipedia.org/wiki/Liebe (03.04.11).
36 Fight Club, min. 50:57.

Nachwort:

Fight Club ist ein gesellschaftskritischer Film und nicht nur das, auch einer der dekonstruiert. Dennoch bleibt er im und beteiligt sich am typischen Gender-Diskurs. „Gender wie Genre sind [...] performativ begriffen, als diskursive Effekte eines Systems und hängen [...] darin stark von einander ab, bedingen und konstruieren sich gegenseitig."[37] Fight Club bedient Klischees, fördert sie, überspitzt sie und revidiert sie damit wieder. Man nehme Tyler, der alle ‚männlichen' Eigenschaften besitzt, durch diese Filmfigur wird das typische Bild wieder bestätigt. Nun ist Tyler aber eine Konstruktion, eine Fiktion, womit das typische Bild eines Mannes auch stückweise als Konstruktion entlarvt wird. Allerdings muss ein Film sich beinahe irgendwo an den Diskurs halten, sonst würden ihn die Menschen dieser Gesellschaft vielleicht nicht verstehen, bzw. sonst wäre er nicht realistisch. Doch Filme sind auch eine „Schnittstelle verschiedener Diskurse [...] [sie] verhandeln die Diskurse des Körpers, von Begehren und Gender – indem sie sie entwerfen, verwerfen und neu gestalten."[38] Diese Möglichkeit, die auch Judith Butler in der Wiederholung, oder besser, in der Erneuerung eines Diskurses sieht, nimmt auch Fight Club zum Teil wahr. Das wird zum Beispiel in einem Dialog zwischen Marla und Jack deutlich, in dem sie über die Aufteilung, wer zu welcher Selbsthilfegruppe gehen darf, sprechen: - Jack: „Hodenkrebs dürfte ja wohl klar sein, nicht?" - Marla: „Also eigentlich hab ich noch eher ne Berechtigung als du, du hast immer noch Eier." In Szenen wie dieser verwirrt Fight Club! Auch wenn man den Film nicht gerade als genderdekonstruktivistisch bezeichnen kann, er lässt den Zuschauer das ein oder andere Mal stocken und eben einmal nicht alles unreflektiert an einem vorüber ziehen.

Immer darauf bedacht, mich nicht selbst am Diskurs der Geschlechter-Binarität zu beteiligen, musste ich feststellen: eine Analyse eines Filmes, der trotz vieler ‚Verwirrungen', genau das tut, lässt sich nicht durchführen, ohne sich auf die Ebene dieser sozialen Realität zu begeben. Ich habe versucht, nicht selbst Klischees durch Wiederholungen zu festigen, habe trotzdem und eben weil ich sonst keinen Zugang zu diesem Thema bekommen hätte, mit dem gleichen Vokabular gearbeitet.

Ich habe nun „Fight Club" gewürdigt, kritisiert und natürlich ausgiebig analysiert, zumindest mein Bestes gegeben. Auch wenn eine Arbeit Judith Butlers über den Film sicher einige radikalere, auch klarere Ansätze beinhaltet hätte, meine ich trotzdem verkünden zu können: „That's (probably) what Judith would have said!"

---

37 Mädler: Broken Men, S. 18.

38 Fenske: Mannsbilder, S. 46.

Quellenverzeichnis:

Bublitz, Hannelore : Judith Butler – Zur Einführung, Hamburg 2010.

Butler, Judith: Das Unbehagen der Geschlechter, Frankfurt am Main 1991.

Fenske, Uta : Mannsbilder – Eine geschlechterhistorische Betrachtung von Hollywoodfilmen 1946-1960, Bielefeld 2008.

Fight Club (USA/Deutschland 1999, R: Fincher, David).

Hißnauer, Christian/Klein, Thomas (Hrsg.): Männer – Machos – Memmen. Männlichkeit im Film, Mainz 2002.

Mädler, Kathrin : Broken Men – Sentimentale Melodramen der Männlichkeit im zeitgenössischen Hollywood-Film, Marburg 2005.

Singer, Alina: Wer bin ich? Personale Identität im Film – Eine philosophische Betrachtung von Face/Off, Memento und Fight Club, Stuttgart 2008.

Zadjermann, Paul (Regie) (2006): Dokumentation „Judith Butler, Philosophin der Gender", ARTE, Frankreich, auf YouTube „Judith Butler 1-6" (http://www.youtube.com/watch?v=Q50nQUGiI3s (Stand: 25.03.11)).

Hyperkommunikation: http://www.hyperkommunikation.ch /lexikon/performativitaet.htm (Stand: 29.03.11).

Wikipedia: http://de.wikipedia.org /wiki/Liebe (Stand: 03.04.11)

Elke Regina Maurer

„Ich will nicht ohne Narben sterben."

Nach 33 Minuten Film sagt Tyler Durden diesen Satz.[39] Er sagt ihn wie zu sich selbst, fast nebenbei. Er ist seine Begründung für die überraschende Aufforderung an Jack, ihn zu schlagen. Die beiden haben sich gerade erst im Flugzeug kennengelernt. Jack hat sich mit Tyler getroffen, nachdem sein Appartement durch eine Gasexplosion völlig zerstört wurde. Dieser Satz „Ich will nicht ohne Narben sterben", klingt zwar leise und beiläufig, aber wie man im Laufe des Filmes sehen kann, steckt dahinter ein Ziel, er ist eine Art Lebensmotto, das summary aller Tyler-Sätze davor und danach. Ein irritierender Satz – anachronistisch mutet er an und unverständlich. Seine Beiläufigkeit ist Tarnung. In Wirklichkeit ist er entschieden und wild, ebenso unbekümmert wie gewalttätig.

Dieser Satz hat mich dazu veranlasst, als Soziologin und Ethnologin über Narben nachzudenken. Narben sind ein Thema für eine Soziologie des Körpers par excellence. Denn der Satz zeigt unter anderem sehr klar: Narben haben eine Bedeutung. Doch wie sieht diese Bedeutung aus – hier im Film, in unserer Gesellschaft und in anderen Kulturen? Macht man sich Umberto Ecos Definition für semiotische Zeichen zu eigen, so kann man nach der Anerkennung, die eine menschliche Gruppe ihnen gibt, fragen und danach, zu was Narben benutzt werden.[40] Narben sind deutliche Körper-Zeichen – „unauslöschlich, allgegenwärtig, unvergessbar"[41] – doch von was und für wen?

---

39 Fight Club (USA/Deutschland 1999, R: Fincher, David:), min. 32:57.

40 „Ein Zeichen liegt immer dann vor, wenn eine menschliche Gruppe beschließt, etwas als Vehikel von etwas anderem zu benutzen und anzuerkennen". Eco, Umberto: Semiotik. Entwurf einer Theorie der Zeichen, München 1987, S. 40.

41 Nietzsche, Friedrich: Kritische Gesamtausgabe. Jenseits von Gut und Böse. Zur Genealogie der Moral, Berlin 1968, S.311.

Fängt man an, sich mit dem Thema „Narben“ zu beschäftigen, fällt sofort auf: In unserer Kultur werden Narben versteckt, verschwiegen, vertuscht und so unsichtbar wie nur möglich gemacht. Narben zeugen von überstandenen Verletzungen, die nicht ohne Spuren verheilen. Keine Verletzung tut das. Das Ideal jedoch ist der unversehrte, gesunde Körper und eine glatte Schönheit. Nach Verletzungen und überstandenen Krankheiten soll man eben gerade nichts mehr sehen. Hinsichtlich dieses Ideals gehen die Angebote vom Bikinischnitt (beim Kaiserschnitt) über die Abrasion und die Laserbehandlung von Narben oder die Camouflage, bis hin zur Narbenentstörung, Narbenberatung, der minimal invasiven und schließlich der plastischen Chirurgie. Narben können wuchern, sich entzünden, Verwachsungen hervorrufen. Je größer die Verletzung respektive der Schnitt, umso mehr Blutverlust, umso größer die Gefahr von Komplikationen. Das sind Gründe von der medizinischen Seite her, Narben so klein wie möglich zu halten. Die andere Botschaft dieser Angebote lautet jedoch: Narben stören, Narben sind hässlich. Sie verunstalten. Sie sind ein Makel.[42] Sie zeichnen dich: allgegenwärtig und unvergessbar.

„Ich will nicht ohne Narben sterben“ – Das könnte in diesem Kontext heißen: Ich aber möchte gezeichnet sein. Ich möchte in unserer Massengesellschaft sichtbar sein. Lieber „verunstaltet“ als unsichtbar. Soziologen würden sagen, Narben werden zu Differenzierungsmerkmalen. Es kann auch heißen: Ich habe keine Angst vor Hässlichkeit. Im Gegenteil, so legen es Dramaturgie und Dialoge des Films nahe, habe ich Angst, in der glatten, künstlichen Welt der modernen Konsumgesellschaft ungesehen zu versinken, habe Angst vor ihrer Kälte und der langweiligen Gleichheit aller („Alles ist eine Kopie, eine Kopie, eine Kopie“[43]). Ich habe Angst vor Perfektion („Schluss mit der Perfektion“[44]), vor makellosem Funktionieren, dem ganzen „klitzekleinen Leben“ und den „portionierten Freunden“[45], ich, der „Ikea-Boy“[46], „durch das Fernsehen aufgezogen“[47], vaterlos[48], einer der „Zweitgeborenen der Geschichte“, ein Mann „ohne Zweck und ohne Ziel“, „kurz, ganz kurz vorm Ausrasten“.[49]

---

42 Rheinz, Hanna: An diesen Zeichen kannst du mich erkennen. Leben mit Narben an Körper und Seele, Frankfurt a. M. 1997, „Geächtete“ S. 42 f., „Narbengesichter“ 189 f., „Die Erben Kains“ S.271 f.

43 Fight Club, min. 03:57.

44 Ebd.: min. 29:26.

45 Ebd.: min. 19:04 und 19:25.

46 Ebd.: min. 127:27.

47 Ebd.: min. 68:09.

48 Ebd.: min. 00:38:06 f.

49 Ebd.: min. 67:48 und 68:19.

Eine Sehnsucht nach intensivem, „echtem" Leben wird in diesem beiläufig ausgesprochenen Satz sichtbar – nach einem mit Ecken und Kanten, mit Schwierigkeiten und Blessuren und dem Gefühl, wirklich zu leben. Oder mit Nietzsche: Tyler sieht im Leiden, das ja den Narben immer vorausgeht, „einen Zauber ersten Ranges, einen eigentlichen Verführungsköder zum Leben"[50]. Ein Leben mit Bedeutung, jenseits von Mittelmäßigkeit und Langeweile. Und da sein reales Leben ihm bisher keine Narben beschert hat, provoziert und schafft er Situationen, in denen diese Möglichkeit besteht. Narben sollen zu Zeichen, ja Zeugnissen intensiven, vor allem aber gefühlten Lebens werden. Was sagt Jack über den Fight Club? „Man fühlte sich nirgendwo lebendiger als dort"[51] und: „Hinterher fühlten wir uns alle errettet."[52]
Narben erzählen immer Geschichten. Der Körper ist das Medium, in den Erinnerungsprozesse nicht nur neuronal, sondern auch somatisch verankert werden.[53] Diese Geschichten geben Narben zumindest für die Betroffenen immer eine individuelle Bedeutung und gleichzeitig sind sie als Zeichen nach Eco ein Vehikel für die menschliche Gruppe, für die Gesellschaft. Nach dem Abklingen des Schmerzes festigt sich ein körperliches Gedächtnis in Spuren und Narben. „Der Körper ist Gedächtnis".[54] Ein Gedächtnis wozu? Um Identität herzustellen wie jedes Gedächtnis. „Alles, was den Menschen ausmacht (…) beruht auf der Fähigkeit, Erinnerungen abzuspeichern und abzurufen".[55] Und: „In Wahrheit (…) ist ein jeder von uns (…) zu großen Teilen nur derjenige, der er überzeugt ist, gewesen zu sein".[56] Die Identitätszeichen, die Jack bislang kennt und benutzt, sind materielle Dinge, Besitz in jeglicher Form. Doch durch Narben wird Erinnerung in den Körper gleichsam eingebrannt.[57] Es ist die furchtbarste und wirkungsvollste Mnemotechnik des Menschen, so Nietzsche. „Man brennt Etwas ein, damit es im Gedächtnis bleibt: nur was nicht aufhört, weh zu thun, bleibt im Gedächtnis".[58]

---

50 Nietzsche: Jenseits, S. 319.

51 Fight Club, min. 42:25.

52 Ebd.: min. 44:33.

53 Assmann, Aleida: Erinnerungsräume. Formen und Wandlungen des kulturellen Gedächtnisses, München 2006, S. 131.

54 Clastres, Pierre: Staatsfeinde: Studien zur politischen Anthropologie, Frankfurt a. Main 1976, S. 175.

55 Siefer, Werner/Weber, Christian: Ich – Wie wir uns selbst erfinden. Frankfurt/New York 2006, S. 127.

56 Ebd.: S. 172.

57 In einer späteren Szene geschieht das dann tatsächlich, als Tyler die Hand von Jack mit Lauge verätzt und zu ihm dabei sagt: „Das ist der größte Moment in deinem Leben" Fight Club, min. 01:00:33.

58 Nietzsche: Jenseits, S.311.

Narben erzählen individuelle Geschichten von Leid und Schmerz, von Gefährdung und Krankheit. Von gelebtem Leben würde Tyler sagen. Narben sind dauerhaft präsent. Doch „der kognitive Apparat unserer Erinnerung spielt uns ständig Streiche".[59] Narben sind deshalb mehr als Erinnerung, da diese immer diskontinuierlich ist, wie auch Aleida Assmann ausführt. „Das Trauma kann man in diesem Sinn als eine dauerhafte Körperschrift bezeichnen, die der Erinnerung entgegengesetzt ist".[60] Doch merkwürdigerweise werden diese Gedächtnisspuren, die Narben aufzeigen, selbst in einer Gesellschaft wie der unseren, in der der amerikanische Soziologe Richard Sennett zu Recht eine „Tyrannei der Intimität" ausgemacht hat, nicht jedem offenbart.[61] Die „dauerhafte Körperschrift" und ihre Geschichten sind so intim, dass sie in der sonst üblichen öffentlichen Entblößung seltsam verborgen werden. Narben, eine Bastion der Privatheit – Narben, (letzte?) Gralshüter eines öffentlichen Lebens?

Die Brustkrebspatientinnen, die ihre Narben nicht versteckten, sondern sich in der Zeitschrift BRIGITTE nach der Brustamputation bzw. -operation fotografieren ließen[62], sind eine große Ausnahme. Diese Fotos sagen: Wir sind selbstbewusste Frauen nach einer furchtbaren Diagnose. Nach einem Kampf der besonderen Art, nämlich dem gegen den Krebs, werden die Narben hier nicht verschämt versteckt.[63] Diese Frauen zeigen ihre Narben wie ein Siegeszeichen über den Tod: Schaut her, wir sind gezeichnet, aber wir leben. Der Satz von Tyler „Ich will nicht ohne Narben sterben", würde in diesem Kontext bedeuten: Ich will, dass meine Zeichen nach einem Kampf sichtbar sind. Ich will, dass meine Geschichte gehört wird. Ich will leben. In letzter Konsequenz würde er bedeuten: Ich will den Tod besiegen. Ich will durch die Narben daran erinnert werden, dass es gelungen ist, und andere daran erinnern. Auch die wohl berühmtesten Narben der Welt, die Wundmale Jesu, erzählen eine solche Geschichte von Leid und Schmerz und erinnern zumindest die Gläubigen an die Überwindung des Todes.

Wenn Narben jedoch versteckt werden, dann werden damit auch Spuren der Erinnerung an Leid und Schmerz und Tod ausgelöscht. Es wird zumindest versucht. Dann soll niemand die Geschichte hören, die sie erzählen. Und wahrscheinlich möchte man sie selbst auch nicht hören. Narben fungieren als Zeugen einer „ungeschminkten,

59 Siefer/Weber: Ich, S. 151.

60 Assmann: Erinnerungsräume, S. 246/247.

61 Vgl. Sennett, Richard: Verfall und Ende des öffentlichen Lebens. Die Tyrannei der Intimität. Frankfurt 1986.

62 Vgl.: http://www.brigitte.de/gesund/gesundheit/amazonen-1087947/12.html [Abruf 20.4.2011].

63 Die Community nennt sich „Volk der Amazonen".

hässlichen, schlichten Wahrheit". „Ja", sagt Nietzsche, „es gibt solche Wahrheiten".[64] Doch Narben erzählen nicht nur von einer ungeliebten Wahrheit. Die Art und Weise, wie sie das tun, irritiert und ruft Abwehr hervor. Denn Narben erzählen – wenn man sie denn zu Gesicht bekommt – in einer aufdringlichen Weise, der man sich kaum entziehen kann. Sie fesseln den Blick und lassen einen schwanken zwischen Entsetzen und Mitgefühl. Die Ambivalenz zwischen Ekel und Abwehr auf der einen Seite und Faszination und Neugier auf der anderen, ist für die meisten nur schwer auszuhalten. Narben erzwingen Aufmerksamkeit und Kommunikation. Doch „man weiß nicht, wie man sich zu verhalten hat".[65] „Eröffnen oder nicht eröffnen; sagen oder nicht sagen; rauslassen oder nicht rauslassen; lügen oder nicht lügen; und in jedem Fall, wem, wie, wann und wo".[66] Narben nehmen einen gefangen. Sie setzen Fantasien in Gang. Sie erinnern an eine universelle, anthropologische Wahrheit: Der Mensch ist ein verletzliches Lebewesen und er ist sterblich. Wenn Narben versteckt werden, will man diese Aufdringlichkeit ihrer Sprache verhindern, die „Unbehaglichkeit"[67] verringern und nicht zuletzt sich und andere vor dieser Wahrheit schützen. Doch wenn Tyler nicht ohne Narben sterben will, kann man davon ausgehen, dass er sie zeigen wird und zeigen will.

Narben fungieren in unserer Gesellschaft als Zeugen einer „ungeschminkten, hässlichen, schlichten Wahrheit". Das ist keineswegs überall auf der Welt so. Es gibt Ethnien und Kulturen, in denen Narben – für beide Geschlechter – einen gänzlich anderen Stellenwert haben. Hier zeichnen Narben nicht nur, sie zeichnen aus. Sie haben eine durch und durch positiv konnotierte Bedeutung. Narben sind hier Schmuck, sowohl für Männer wie für Frauen. Sie sind magischer Schutz, Initiationszeichen, Zeichen der Männlichkeit wie des Frauseins, Amulett, Differenzierungsmerkmal. Sie geben Aufschluss über die soziale Stellung des Individuums und seine Gruppenzugehörigkeit, sind Zeichen von Spiritualität. Das betrifft z.B. die Narben, die bei einer rituellen Tatauierung und Benarbung (durch Skarifikation) bewusst herbeigeführt werden.[68] Es betrifft insbesondere die Narben der Initiation und der Beschneidung.

---

64 Nietzsche: Jenseits, S. 272.

65 Rheinz: Zeichen, S. 192.

66 Wenn Stigmatisierte und Normale in gemischten sozialen Situationen aufeinander treffen, gäbe es immer diese Unsicherheit des Verhaltens. Vgl. Goffman, Erving: Stigma. Über Techniken der Bewältigung beschädigter Identität, Frankfurt a. Main 1977, S. 56.

67 Ebd.: S. 29.

68 Dafür kann ich als Ethnologin unendlich viele Beispiele anführen. Hier seien besonders genannt: die Iatmul in Papua-Neuguinea und die Ainu im Norden Japans. Vgl.: Raabe, Eva. 2006: Die Verwandtschaft mit dem Krokodil. Und: Gebhardt, Lisette. 2006. Jeder bemühte sich, schön zu sein. Beide in Journal-Ethnologie. Schwerpunktthema Hautzeichen – Körper-

Und es betrifft ebenso solche, die bei einem Kampf als Krieger oder bei der Arbeit entstehen. Die Narben, die ein Löwe verursacht, wenn ein Samburu als Hirte die Herden bewacht oder die eines Tungusen, dem auf der Jagd ein Bär begegnet, haben beide in der jeweiligen Gesellschaft großes symbolisches Kapital, um den Begriff des französischen Soziologen Pierre Bourdieu zu gebrauchen.[69] Auch die Narben, die beispielsweise bei rituellen oder religiösen Festen bewusst in einer Art Folterung oder Marter entstehen, bedeuten – als symbolisches Kapital – Renommé und verhelfen dem Träger zu Prestige Die bekanntesten Beispiele dafür sind der Sonnentanz der Sioux und das Okipa-Fest der Mandan-Indianer.[70]

Narben sind hier nicht hässliche Überbleibsel einer Begebenheit, die man am liebsten vergessen würde. Hier wird die Erinnerung an Leid und Schmerz umgewandelt in eine Erinnerung an Überleben und Sieg, in Stolz und Freude, wird zum Zeichen einer Gruppe wie für den Einzelnen. Hier erzählt jede Narbe öffentlich und ungeniert den anderen von persönlichem Einsatz, von Zugehörigkeit, von Kampfeswillen und Tapferkeit, von Stärke und Mut. Und die Gruppe – das ist wichtig! – erkennt diese Zeichen an. Und was noch wichtiger ist: Ihre Bedeutung ist klar und für jeden eindeutig. Narben bei uns jedoch sind mehr-deutig. Sie unterliegen der Interpretation und laufen immer Gefahr missgedeutet zu werden. Unsere Reaktion auf sie ist ebenso unsicher wie uneinheitlich – alles Phänomene, die in der Wissenschaft unter „Postmoderne" subsummiert werden.

Für Tyler kommt hinzu: Er will ja nicht nur Narben, sondern auch Freiheit, absolute Freiheit. Damit ist zunächst die Freiheit von etwas gemeint. „Erst nachdem wir alles verloren haben ...". Dann folgt die Freiheit zu etwas: „... haben wir die Freiheit, alles zu tun."[71] Man kann mit Nietzsche ergänzen: ohne jegliches schlechte Gewis-

---

bilder. Für viele andere Ethnien – Indianer in Nord- und Südamerika, Inuit, viele sibirische Völker, australische Aborigines, viele afrikanische Ethnien wie z.B. Pygmäen, Nuba, Karo spielen Narben für die soziale Identität und Spiritualität eine große Rolle. Besonders ausgeprägt ist die Tatauierung und Skarifikation in Polynesien, Melanesien, Japan und Indien. In allen Erdteilen kennt man die positive Konnotierung von Narben. Siehe dazu: Lindig, Wolfgang.: Die Kulturen der Eskimo und Indianer Nordamerikas, Wiesbaden 1972. Müller, Klaus E./ Ritz-Müller, Ute: Soul of Africa. Magie eines Kontinentes, Köln 1999. Gröning, Karl: Geschmückte Haut. Eine Kulturgeschichte der Körperkunst. München 1997. Hell, Bernhard Peter: Die Tatauierung (Tätowierung) in Nordasien und Nordamerika, München 1996.

69 Bourdieu, Pierre. Sozialer Sinn. Kritik der theoretischen Vernunft, Frankfurt a. Main. 2005, S. 215 f., S. 249. Zum Begriff „symbolisches Kapital" siehe auch Jurt, Josef (Hg.): absolute Pierre Bourdieu, Freiburg 2003, S. 73.

70 Die nordamerikanischen Prärie- und Plainsindianerstämme kennen ein ausgeprägtes Ritualwesen. Siehe dazu Lindig: Kulturen, S. 278 f.

71 Fight Club, min. 61:25.

sen.[72] Etwas sehr Wichtiges wird dabei leicht übersehen: Ethnien und Kulturen, in denen Narben etwas Positives bedeuten, werden bei uns gern auch als „frei", wahlweise als „wild" bezeichnet. In diesen Kulturen und Gesellschaften sind Narben jedoch eingebettet in feste Rituale, in ein soziales Gefüge. Narben sind hier, um mit Pierre Bourdieu zu sprechen, wie Statur, Haltung, Auftreten u.ä., distinktive Zeichen, die die symbolische Ordnung der Gesellschaft konstituieren.[73] Sie haben nicht nur Bedeutung, sondern – wie oben deutlich wurde – eine Aufgabe. Weit entfernt von aller Vorstellung von individueller Freiheit oder Gewalt geben sie im Gegenteil sozialen Halt und Identität.

Wenn man Tyler in dieser Filmszene vor sich sieht, wie er diesen Satz sagt und wie er Jack zu dieser Prügelei auffordert, dann kommt man nicht umhin zu denken, dass er genau das – zunächst – im Sinn hat. „Ich will nicht ohne Narben sterben" – würde bedeuten: Ich will kämpfen. Ich will, dass die anderen mich mutig und tapfer sehen. Ich möchte stolz auf mich sein. Das ist meine Identität. Doch die Narbe, die Tyler Jack mutwillig an der Hand zufügt, ist nicht eingebettet in ein soziales Gefüge. Sie ist das Resultat eines einseitigen Aktes, eine Lektion („Das ist der größte Moment in deinem Leben"[74]), kein Ritual.[75] „Zuerst musst du wissen, nicht fürchten, sondern wissen, dass du einmal sterben wirst", sagt Tyler dabei.[76] Und meint damit: Du musst dem Tod einmal nahe gekommen sein. Natürlich kommt Jack durch diese Aktion weder dem Tod wirklich näher, noch erlangt er durch sie Identität. Nur seiner Angst vor Schmerzen kommt er nahe. Aber da Schmerz das mächtigste Hilfsmittel der Mnemotik ist[77], wird er sich auch an Tylers Satz erinnern, wenn er die Narbe sieht, die die Verletzung verursachen wird. Sibirische Schamanen würden diesem Gedanken an den Tod ebenso wie Zen-Mönche und christliche Mystiker ganz und gar zustimmen und ergänzen: Wenn du wirklich wissen willst, wer du bist, und verstehen willst, was Leben bedeutet.[78]

---

72 Nietzsche: Jenseits, S. 343.

73 Bourdieu: Die feinen Unterschiede. Kritik der gesellschaftlichen Urteilskraft. Frankfurt a. Main 1985, S. 159.

74 Fight Club, min. 60:33.

75 Obwohl Ziel und Gründe von Tyler genannt werden, fehlen dem ganzen Vorgang einige Voraussetzungen für ein Ritual, insbesondere das Geheimnisvolle, ein heiliger Ort, eine konventionalisierte Ausdrucksform und die allgemeine soziale Bedeutung. Vgl. Turner, Viktor: Das Ritual. Struktur und Antistruktur. Frankfurt a. Main/New York 1989, S.13, S. 22, S. 26.

76 Fight Club, min. 61:13.

77 Nietzsche: Jenseits, S. 311.

78 Noch viel drastischer wird genau dieser Gedanke später in Szene gesetzt, als Tyler den jungen Mann von der Imbissbude mit dem Revolver bedroht. Fight Club, min. 78:40.

In der modernen westlichen Gesellschaft und dem alltäglichen, normalen, bürgerlichen Leben gibt es jedoch nur sehr wenige direkte Gelegenheiten für Mut und Tapferkeit, für Stolz und die Überwindung der Angst vor dem Tod. Weder die Arbeitsprozesse noch die Rituale in unserer Gesellschaft verlangen das oder ermöglichen es. Im Gegenteil werden diese Gelegenheiten vermieden.[79] Todkranke treffen sich höchstens in Selbsthilfegruppen (wie im Film)[80] und Sterbende werden aus dem Blickfeld verbannt. Anpassung, Konsum und Sicherheit sind die erstrebenswerten Ziele. „Meist geht es den Menschen um Sicherheit – statt um Bereitschaft".[81] Narben als „schlichte Wahrheit" wirken dabei eher unpassend, peinlich, störend oder gar lächerlich. Auch deshalb werden sie versteckt. Sie erinnern daran, dass in unserer Gesellschaft Identität und sozialer Status mit Besitz und Titeln manifestiert wird. Sie erinnern an Kampf („Die meisten Menschen, normale Menschen, tun so ziemlich alles, um eine Prügelei zu vermeiden."[82]) und die Gefährdung des menschlichen Körpers, wo man sich doch in Sicherheit wähnt und Triebe unterdrückt. Sie erinnern daran, dass man eben nicht alles im Griff und unter Kontrolle hat.

Im Film wird das Entgleiten der Kontrolle als Folge von Gewissenlosigkeit und „Freiheit" (Freiheit als Fehlen von Regeln verstanden) sehr eindrücklich in Szene gesetzt. Aus dem Fight Club mit seinen festen Regeln wird das Projekt Chaos – Willkür, Gewalt, Vandalismus und Terror sind seine Methoden. Es ist etwas, das der Gesellschaft Angst macht, die Täter aber – da gewissenlos – amüsiert. Für Jack ist es ein Entgleiten (wie wohl für die meisten Zuschauer), das ihn empört und das er ablehnt. Für Tyler ist es Programm: „Hör auf, alles kontrollieren zu wollen".[83] Solange der Fight Club seine Regeln und eine überschaubare Größe hatte und die Kämpfe an einem nicht öffentlichen Ort stattfanden, funktionierte er auch, machte für alle Beteiligten Sinn. Projekt Chaos ist eine ganz andere Kategorie, die nicht zwangsläufig aus dem Fight Club entstehen musste. Oder doch?

Nein, als symbolisches Kapital, um mit Bourdieu zu sprechen, kann man Narben in unserer Gesellschaft nicht bezeichnen. Genau deshalb werden sie auch vermieden, ausgemerzt, wenigstens unsichtbar gemacht.[84] Gesellschaftlich gesehen bedeuten sie nichts Positives. Sie waren es nur sehr selten, vielleicht zu Zeiten der schlagenden

---

79 Oder Surrogate angeboten und gesucht wie Achterbahnfahren, Bungee-Springen, schnelles Autofahren, Extremsport.

80 Todkranke sind nach Goffman „Stigmatisierte" – die diskreditierende Wirkung und die Unbehaglichkeit sind hier besonders groß.

81 Frankl, Viktor E.: Ärztliche Seelsorge, Wien 1952, S. 165.

82 Fight Club, min. 72:10.

83 Fight Club, min. 95:51.

84 Rheinz: Zeichen, S.189.

Studentenverbindungen. Der Schmiss auf der Wange wurde mit Stolz getragen. Bis in die 1930er Jahre hinein galt er als Marken- und Erkennungszeichen der mitteleuropäischen Akademiker. Die wirklichen Verwundungen, schreibt Hannah Rheinz, „zerbrechen das Selbstverständliche von einer Sekunde zur anderen. Sie werden zu Bruchlinien ...“.[85] „Bruchlinien“ sind sicher die Narben, die der Krieg schlägt. Mit ihnen konnte man früher Renommé und Prestige erringen. Kriegsveteranen wurden geehrt, verliehene Tapferkeitsorden als sichtbare Anerkennung der Gesellschaft gewertet. Die deutschen Soldaten, die sich heute ihre Narben im Afghanistankrieg holen, verstecken sie und ihre Orden. „Die Versehrten des Afghanistankrieges tauchen in der Öffentlichkeit nicht auf“.[86]

Das Merkwürdige an Narben ist ja, dass sie auf der einen Seite eine ganz und gar persönliche, individuelle Geschichte erzählen und den Träger gewissermaßen einmalig machen. „An diesen Zeichen kannst du mich erkennen“, betitelt Hanna Rheinz ihr Buch. Es ist eine individuelle Erinnerung, die Identität herstellt. Soziologisch betrachtet schaffen Narben gleichzeitig aber unsichtbare Mauern, ziehen eine Grenze. Und das ist nicht nur negativ als Aus-Grenzung zu sehen,[87] sondern positiv als eine Gruppen bildende Macht.[88] Der Soziologe Maurice Halbwachs betont dabei die Bedeutung der gemeinsamen Erinnerungen als wichtigstes Mittel des Zusammenhaltes. Die Erinnerungen stabilisieren nicht nur die Gruppe, die Gruppe stabilisiert auch die Erinnerungen.[89] „Ich will nicht ohne Narben sterben“ kann also nicht nur heißen: Ich will, dass man mich sieht. Sondern auch: Ich will zu einer Gruppe gehören.

Jack geht zunächst zu den diversen Selbsthilfegruppen vom Tod Gezeichneter. Selbsthilfegruppen verstehen sich als Hilfe, das „Dasein eines Stigmatisierten physisch und psychisch zu bewältigen“, man ist (normalerweise) unter seinesgleichen.[90] Später gründen Tyler und er den Fight Club – „unser Geschenk an die Welt“.[91] Zunächst könnte man ihn durchaus als eine Selbsthilfegruppe der besonderen Art bezeichnen.

---

85 Ebd.: S. 12.

86 Siehe dazu Zeit online: http://www.zeit.de/2011/06/Afghanistan-Soldaten [Abruf 15.4.2011]. Dass nur Männer für Narben geehrt werden bzw. wurden, wäre ein interessantes Extra-Thema, das ich hier nicht weiter verfolgen kann.

87 Die Liste und die Möglichkeiten der Ausgrenzungen wären lang - angefangen beim Alten Testament und der Ausgrenzung Kains, gezeichnet durch eine Narbe an der Stirn. Rheinz: Zeichen: „Geächtete“ S. 42 f., „Krüppel müssen draußen bleiben“ S. 60 f.

88 „Die Mitglieder einer bestimmten Stigmakategorie haben die Tendenz, in kleinen Sozialgruppen zusammenzukommen, deren Mitglieder sich alle von der Kategorie ableiten.“ Goffman, ebd., S. 35.

89 Halbwachs, Maurice.: Das kollektive Gedächtnis, Frankfurt a. Main 1985. S. 55; S. 60.

90 Goffman: Stigma, S. 50.

91 Fight Club, min. 66:57.

Bob, den Jack auf der Straße trifft und den er von der Hodenkrebsgruppe kennt, sagt strahlend zu ihm, er habe etwas viel Besseres als Selbsthilfegruppen gefunden: den Fight Club – etwas, das „tausendmal toller“[92] ist. Ja, würde auch Bob sagen, ich will zu einer Gruppe gehören – aber zu einer, in der ich fühlen kann, dass ich lebe, und in der mein Stigma Krebs keine Rolle spielt. Das wichtige Wort ist das Wörtchen „Wir“: Wir sind eine Gruppe. Wir kämpfen. Wir sind stolz auf uns. Unsere (neuen) Zeichen sind unsere Narben.

In anderen Kulturen und Religionen gibt es Rituale, bei denen besonders deutlich wird, wie sich durch Narben (unter anderem) für immer eine Gruppe konstituiert. Es sind dies die Rituale der Initiation und der Beschneidung. Für die Muslime kommt in der Beschneidung der Gehorsam gegenüber Allah zum Ausdruck. Sie ist ein unverzichtbares Zeichen der Religionszugehörigkeit, das alle Muslime miteinander verbindet. Im Judentum wird durch die Beschneidung nicht nur die Verbindung der Juden untereinander hergestellt, sondern nach Genesis 17, 10-14 der Bund mit Gott selbst bekräftigt.[93] Ritual und Schmerz als mächtigstes Hilfsmittel der Mnemotik sollen für immer diese Zugehörigkeit im Gedächtnis halten. Die Narbe soll daran erinnern. Auch die Beschneidungs- und Initiationsriten anderer Kulturen haben diese Gruppen bildende Macht und Aufgabe. Für den Rest ihres Lebens sind initiierte Männer und Frauen Mitglieder einer neuen Gruppe, bilden häufig eine Altersklasse mit allen Rechten und Pflichten: „Du bist einer der unsrigen, und du wirst es nicht vergessen“.[94] Sie bekommen durch die Beschneidung bzw. die Initiation eine neue soziale Identität. „Nach der Initiation, wenn der Schmerz bereits vergessen ist, bleibt etwas zurück, ein unwiderruflicher Rest, die Spuren, die das Messer oder der Stein auf dem Körper hinterlässt, die Narben der empfangenen Wunden. Ein initiierter Mann ist ein gezeichneter Mann (...). Das Zeichen verhindert das Vergessen (...).“[95] Alte Zeiten kann man nicht zurückholen und fremde Riten anderer Kulturen und Religionen kann man, selbst wenn man es wollte, nicht übernehmen. Wir leben, wie Max Weber schon sagte, in einer säkularisierten, „entzauberten Welt“.[96] Zugespitzt könnte man sagen, es steckt hinter dem Satz „Ich will nicht ohne Narben sterben“

---

92 Ebd.: min. 65:27.

93 „Das ist mein Bund zwischen mir und euch samt deinen Nachkommen, den ihr halten sollt: Alles, was männlich ist unter euch muß beschnitten werden. Am Fleisch eurer Vorhaut müsst ihr euch beschneiden lassen. Das soll geschehen zum Zeichen des Bundes zwischen mir und euch.“ Die Bibel. Deutsche Einheitsübersetzung, Freiburg 1980.

94 Clastres, Pierre: Staatsfeinde: Studien zur politischen Anthropologie, Frankfurt a. Main 1976, S. 175.

95 Ebd.: S.174.

96 Weber, Max: Wissenschaft als Beruf, München/Leipzig 1930, S.32-34.

nicht nur eine Sehnsucht nach Mythen und Ritualen, sondern nach Spiritualität („Unser großer Krieg ist ein spiritueller" so Tyler[97]) und Metaphysik. Die Sehnsucht von Jack und Tyler ist die nach Orientierung in einer schnelllebigen Zeit, die für ihn gefüllt ist mit Konsum, Langeweile, subtilem Stress und paradoxerweise mit Leere. Es ist eine Sehnsucht nach Zugehörigkeit. Nach Sinn. Oder umgekehrt ausgedrückt: Dieser Satz zeigt seinen Hunger nach Leben, zeigt die ganze Entwurzelung, Entzauberung und Desorientierung des jungen Mannes und deren Folgen. Nein, positiv konnotiert sind Narben in unserer Gesellschaft wirklich nicht. Und genau deshalb ruft der Satz von Tyler „Ich will nicht ohne Narben sterben" zunächst Irritation und Unverständnis hervor – wenn er denn überhaupt wahrgenommen wird.

Nach 33 Minuten Film sagt Tyler Durden diesen Satz. Viele Kinobesucher haben ihn vielleicht überhört. So beiläufig sagt er diesen Satz und so leise, das Gesicht von der Kamera abgewandt. Auch von Jack hat er sich abgewandt. Er bückt sich, um zwei Bierflaschen aufzuheben. Dabei ist er Tylers eigentliches Manifest, seine Motivation und sein Ziel. In diesem Satz drückt sich sowohl seine Sehnsucht als auch seine Verzweiflung aus. Auch wenn er in dieser Szene wie der von Nietzsche favorisierte Menschentyp erscheint, der sich durch Kraft, Trieb und den Willen zur Macht auszeichnet, furchtlos, zielgerichtet und freiheitsliebend – ohne jegliches schlechte Gewissen[98] – mit diesem Satz macht er sich selbst Mut, intensiv zu leben. Er sagt ihn zu sich selbst. Auf den Schmerz, der Narben vorausgeht, gefasst zu sein, ja ihn zu wollen, macht diesen nicht nur erträglich, sondern gibt ihm so etwas wie Sinn. Dieser körperliche Schmerz kann zudem nicht größer sein, als der über ein orientierungsloses, „vergeudetes Leben".[99] Der Mensch braucht Sinn, um zu überleben. „In der westlichen Welt zumindest haben die Leute genug, wovon sie leben können, aber immer weniger haben etwas, wofür zu leben ihnen dafürstünde".[100]

Und selbst als sich das Geheimnis des Filmes lüftet und klar wird, dass Jack und Tyler ein und dieselbe Person sind – der Satz „Ich will nicht ohne Narben sterben" ist ein Satz, der nachdenklich machen kann. So atemberaubend und verstörend die ganze Idee Fight Club (und der Film) verläuft und schließlich im Projekt Chaos endet – sinnlos ist es nicht. Auch nicht für die Zuschauer. Wie sagte doch Viktor Frankl:

---

97 Fight Club, min. 68:00.

98 Nietzsche,Jenseits, S. 341. Nietzsche, Friedrich: Also sprach Zarathustra, Berlin 1988, S. 147-149.

99 Fight Club, min. 76:12.

100 Frankl, Viktor E.: Sinn als anthropologische Kategorie. Meaning as an anthropological category. In: Seifert, Josef/ Crosby, John (Hg), Reihe Akademie-Reden/Internationale Akademie für Philosophie im Fürstentum Liechtenstein, Heidelberg 1996. S.33.

„Meist geht es dem Menschen um Sicherheit – statt um Bereitschaft“[101]. Es ist diese Bereitschaft, etwas zu riskieren, Bequemlichkeit und Sicherheiten aufzugeben, die uns fehlt „Hör auf, alles kontrollieren zu wollen. Lass einfach los – lass los!“[102] Oder anders gesagt: Es fehlt Vertrauen in das Leben. Aus einer Welt voller Angst und Vorsicht, voller Glattheit, Konsumdenken und Perfektionismus auszubrechen, geht in der Filmgeschichte jedoch nur, wenn man sie zerstört.[103] Das ist für die Zuschauer faszinierend und macht trotz (oder wegen?) der verwirrenden Auflösung und Gewalteskalation nachdenklich und den Film nachhaltig. „Wieso hängt sich ein schwächerer Mensch so total an einen stärkeren Menschen?“[104] Trotz aller Freiheiten und Individualisierung, die man unserer modernen Gesellschaft gern nachsagt, fehlt es offenbar generell an Mut, entgegen aller Einflüsterungen, Vorurteile, Meinungen, Schwierigkeiten und Ängste seinen eigenen Weg zu gehen – in der Liebe wie sonst wo.[105]

Wenn Tyler nicht ohne Narben sterben will, bedeuten sie für ihn Positives („Du wirst schreien und zappeln, letztendlich wirst du dankbar sein“.[106]). Er will Narben. So, als würde er wissen: „… hinterdrein ist es die Wunde selbst, die ihn zwingt, zu leben …“.[107] Er will den Zéropoint, aber: um von dort aus zu leben! Egal wie lange sein neues „echtes“ Leben dauern sollte. Hand in Hand steht er im Schlussbild des Filmes mit Marla da, während die Welt draußen zusammenstürzt und Straßenzüge in Schutt und Asche gelegt werden.[108] „Ich will nicht ohne Narben sterben“ – für Tyler wären Narben Zeichen für ein mutiges, intensiv gelebtes, als sinnvoll empfundenes Leben. Sie erzählen die schlichte Wahrheit, dass man sich selbst nicht wirklich kennen kann und nicht wirklich leben wird, wenn man den Tod ausklammert. Sie sind Mahnmal und Siegel dieser Wahrheit: „unauslöschlich, allgegenwärtig, unvergessbar“.[109]

---

101 Frankl: Seelsorge, S. 119.

102 Fight Club, min 95:51.

103 „Wie sind Befreier“ – Fight Club, min 121:18.

104 Ebd.: min. 82:38.

105 Maurer: Fremdes, S. 194-195.

106 Fight Club, min. 126:17.

107 Nietzsche: Jenseits, S. 385.

108 Wobei in der Logik Tylers damit die Finanzwelt gemeint ist – sie beherrscht die Welt, den Konsum und das Besitzdenken der Menschen oder anders gesagt: „Geld regiert die Welt“. Die Hochhäuser der Kreditkartenunternehmen stürzen zusammen. In den Gebäuden seien keine Menschen, sagt Tyler. „Wir sind keine Mörder. Wir sind Befreier.“ Fight Club, min. 121:18. „Durch diese Fenster werden wir mit ansehen, wie das Finanzwesen in sich zusammenstürzt.“ Ebd.: min. 124:48.

109 Nietzsche: Jenseits, S. 311.

Quellenverzeichnis

Assmann, Aleida: Erinnerungsräume. Formen und Wandlungen des kulturellen Gedächtnisses. München 2006.

Bourdieu, Pierre: Die feinen Unterschiede. Kritik der gesellschaftlichen Urteilskraft. Frankfurt a. M. 1985.

Bourdieu, Pierre.: Sozialer Sinn. Kritik der theoretischen Vernunft. Frankfurt a. Main 2005.

Clastres, Pierre: Staatsfeinde: Studien zur politischen Anthropologie. Frankfurt a. Main 1976.

Eco, Umberto: Semiotik. Entwurf einer Theorie der Zeichen. München 1987.

Fight Club (USA/Deutschland 1999, R: Fincher, David).

Frankl, Viktor E.: Ärztliche Seelsorge. Wien 1952.

Frankl, Viktor E.: Sinn als anthropologische Kategorie. Meaning as an anthropological category. In: Seifert, Josef/Crosby/John: Reihe Akademie-Reden / Internationale Akademie für Philosophie im Fürstentum Liechtenstein, Heidelberg 1996.

Gebhardt, Lisette: Jeder bemühte sich, schön zu sein. 2006. Journal-Ethnologie. http://www.journal-ethnologie.de/Deutsch/Schwerpunktthemen/Schwerpunktthemen_2006/Hautzeichen_-_Koerperbilder/=E2=80=9EJeder_bemuehte_sich=2C_schoen_zu_sein=E2=80=9C/index.phtml. [30.4.2011].

Goffman, Erving: Stigma. Über Techniken der Bewältigung beschädigter Identität. Frankfurt a. Main 1977.

Gröning, Karl: Geschmückte Haut. Eine Kulturgeschichte der Körperkunst. München 1997.

Halbwachs, Maurice: Das kollektive Gedächtnis. Frankfurt a. Main 1985.

Hell, Bernhard Peter: Die Tatauierung (Tätowierung) in Nordasien und Nordamerika. Kunst & Alltag. München 1996.

Jurt, Josef (Hg.): absolute Pierre Bourdieu. Freiburg 2003 .

Lindig, Wolfgang: Die Kulturen der Eskimo und Indianer Nordamerikas. Wiesbaden 1972.

Maurer, Elke Regina.: Fremdes im Blick, am Ort des Eigenen. Eine Rezeptionsanalyse von „Die weiße Massai". Freiburg i.Br. 2010.

Müller, Klaus E./Ritz-Müller, Ute: Soul of Africa. Magie eines Kontinentes. Köln 1999.

Nietzsche, Friedrich: Jenseits von Gut und Böse. Zur Genealogie der Moral. Kritische Gesamtausgabe. Berlin 1968.

Nietzsche, Friedrich: Also sprach Zarathustra. Kritische Studienausgabe, in: Colli, Giorgio/Montinari, Mazzino (Hg.), Also sprach Zarathustra. München/Berlin 1988.

Raabe, Eva.: Die Verwandtschaft mit dem Krokodil, Journal-Ethnologie 2006. http://www.journal-ethnologie.de/Deutsch/Schwerpunktthemen/Schwerpunktthemen_2006/Hautzeichen_-_Koerperbilder/Die_ Verwandtschaft_mit_dem_Krokodil/index.phtml. [30.4.2011].

Rheinz, Hanna: An diesen Zeichen kannst du mich erkennen. Leben mit Narben an Körper und Seele. Frankfurt a.M. 1997.

Sennett, Richard: Verfall und Ende des öffentlichen Lebens. Die Tyrannei der Intimität. Frankfurt 1986.

Siefer, Werner/Weber, Christian: Ich – Wie wir uns selbst erfinden. Frankfurt a. Main/New York 2006.

Turner, Viktor: Das Ritual: Struktur und Antistruktur. Frankfurt a. Main 1989.

Weber, Max: Wissenschaft als Beruf. München/Leipzig 1930.

Hannah Kreiner

Fight Club im eigenen Körper

„Natur: Gegner oder höchstes Ziel? -Fight Club im eigenen Körper“ soll eine Verbindung zwischen dem wissenschaftlichen Werk „Vom Leib zum Körper. Naturbeherrschung am Menschen in der Renaissance“ (1988) Rudolf zur Lippes und dem 1999 erschienenen Film „Fight Club“ sein. Im Vordergrund wird die Betrachtung des Filmes und seiner Handlung stehen, interpretiert und gedeutet auf der Basis des Buches.

Dabei spielen die Begrifflichkeiten Natur, Leib, Körper und Naturbeherrschung eine bedeutende Rolle. Gerade die Entwicklung der Fight Club Mitglieder sowie des Protagonisten selbst beinhalten enormes Betrachtungspotential. Es lassen sich diesbezüglich zwei aufeinander folgende, antagonistische Bewegungen ausmachen: zu Beginn die Suche nach der eigenen Natürlichkeit, dem Leib als eine Leib- und Naturerfahrung und schließlich die Entwicklung der Fight Club Mitglieder zu Maschinen bzw. Körpern im Lippeschen Sinne gegen Ende des Films. Auch die Veränderungen der Protagonisten und seine Beziehung zu Tyler Durden sollen betrachtet werden.

Maschinen und Marionetten

Rudolf zur Lippe betrachtet in seinem 1988 erschienenen Werk „Vom Leib zum Körper. Naturbeherrschung am Menschen in der Renaissance“ den Versuch der Körperkontrolle und Beherrschung der Natur am Menschen am Beispiel des Militärs, des Tanzes und des Sports Er zeichnet das Bild eines Menschen, der sich als der Natur divergent sieht und sich ihrer Beherrschung versucht.

Dies geschieht nie folgenlos. Jeder Eingriff in die Natur bewirkt oft Unvorhersehbares. Die Welt stellt sich den Menschen als großes Chaos dar und dadurch bemühen sich die Menschen durch Regelmäßigkeiten Ordnung in diesem zu verorten, sei

es durch Beobachtungen der Jahreszeiten, Sternbilder oder Züge von Tieren.[110] Dadurch wuchs ihre Macht gegenüber der Natur und „Machtzuwachs gegenüber der Natur ermöglichte rückwirkend, auch die Gesellschaft nach Orientierungskonzepten weiter zu organisieren, sie damit wiederum zu präziseren Konzepten und Strategien gegenüber den Bedrohungen durch die Natur und ihren Angeboten zu befähigen."[111] Nach Lippe entsteht die Unterwerfung der Natur als Ergebnis eines Natur-Mensch-Antagonismus.[112] Der Mensch selbst bleibt dabei jedoch immer ein Teil der Natur und steht in Abhängigkeit zu ihr, wird von ihr bedroht: „Natur ist der Gegenstand aller unserer leiblich-sinnlich sich realisierenden Bedürfnisse und Vermögen."[113] Im Bewusstsein des Menschen wird durch ständige Bedrohung, aber auch Angebote ihrerseits, der Antagonismus zu ihr gestärkt, während aber auch das Wissen des Menschen von sich selbst als ein Teil derselben durch Verweis auf sie Bekräftigung findet.[114] Die Begrifflichkeit der Naturbeherrschung am Menschen steht für Lippe als die Herrschaft der Natur „am eigenen Leib"[115.]Doch die Naturbeherrschung ist einer Entwicklung unterworfen. In unserer heutigen kapitalistischen Gesellschaft ist – mit dem Kapitalismus einhergehend – Ausbeutung und Herrschaft von und über Menschen über Naturbeherrschung nicht nur am eigenen Leib, sondern auch am Leib des Anderen, seiner inneren und äußeren Natur aufgekommen.
Leib und Körper – für Lippe findet sich in den zunächst wahrlich in ihrer Bedeutung und dem durch sie beschriebenen gleich erscheinenden Begrifflichkeiten eine starke Differenz und durchaus auch eine Metamorphose. Der Leib steht als das natürlichste, „für den belebten, erlebten, lebendigen Körper."[116] Dem entgegengesetzt steht der Begriff Körper, der sich in einer Welt des Mechanischen befindet.[117] Damit wird getrennt zwischen Sinnesorganen und Seele, Geist und Verstand.[118]

---

110 zur Lippe, Rudolf: Vom Leib zum Körper. Naturbeherrschung am Menschen in der Renaissance, Reinbeck bei Hamburg 1988, S. 18.

111 Lippe: Leib, S. 18.

112 Ebd.: S. 18.

113 Ebd.: S. 19 und vgl. S.18f

114 Ebd.: S.19 ff; sehr interessant in diesem Zusammenhang ist auch folgende Aussage Lippes, die direkt Kritik am Verhalten und Selbstbild der Menschen darstellt: „Da es nur dadurch ein Subjekt Gattung Mensch gibt, dass sie die Natur als Objekt ihrer Beherrschung unterworfen hat, ist unklar, was die Menschen berechtigen oder in den Stand setzten könnte, so zu tun, als ob sie sich von bewusstloser Natürlichkeit hätte abheben können, ohne durch solches Tun der Natur den Part des zu Beherrschenden zuzuteilen."

115 Ebd.: S.17.

116 Lippe: Leib, S.11.

117 Ebd.: S.11.

118 Ebd.: S.11.

Fight Club ist der Film zum 1996 erschienen gleichnamigen Roman des Schriftstellers Chuck Palahniuk. Drehorte der Verfilmung lagen sowohl in den USA als auch in Deutschland. In seiner Originalsprache Englisch erschien er 1999. Gedreht wurde unter der Regie David Finchers[119] (geb.1962) nach einem Drehbuch von Jim Uhls. Der namenlose Protagonist (gespielt von Edward Norton) im Film Fight Club arbeitet als Rückrufkoordinator bei einem großen Automobilhersteller. Unter Schlafstörungen leidend, sucht er einen Arzt auf, der ihm jedoch nicht helfen kann und ihm auf seine Anmerkung, er leide, auf die Selbsthilfegruppe „Remaining Men“ (für Männer mit Hodenkrebs) mit dem Hinweis verweist, wenn er wissen wolle, was es wirklich heißt zu leiden, soll er diese besuchen.

Schnell findet der Protagonist Erfüllung in der Gruppe und kann wieder schlafen. Nach und nach entwickelt er eine Sucht nach Selbsthilfegruppen und beginnt jeden Abend eine andere unter einem anderen Namen aufzusuchen. Sein Leben scheint wieder in geregelten Bahnen zu verlaufen bis eines Tages Marla Singer (gespielt von Helena Bonham Carter) auftaucht. Marla - auch nicht krank - ist der Grund erneuter Schlaflosigkeit des Protagonisten: „Marla, diese Elendstouristin. In ihrer Lüge spiegelte sich meine Lüge. Plötzlich fühlte ich nichts mehr. Ich war unfähig zu weinen.“[120]

Auf einer Geschäftsreise lernt der Protagonist im Flugzeug Tyler Durden kennen. Tyler stellt sich ihm als Seifenhersteller vor, später erfährt man jedoch, dass er nebenbei Filme schneidet und in einem Restaurant arbeitet. In diesen beiden Jobs verletzt er absichtlich Regeln, schneidet Pornofilmausschnitte in Familienfilme oder uriniert in Suppen. Kaum zuhause muss der Protagonist feststellen, dass seine Wohnung durch eine Explosion zerstört wurde. In der Hoffnung auf eine Unterkunft trifft er sich erneut mit Tyler. Die Bedingung für eine Unterkunft seitens Tyler überrascht: Er verlangt vom Protagonisten, ihn zu schlagen. Es entwickelt sich der erste Kampf zwischen beiden. Der Protagonist wohnt anschließend im zerfallenen Haus Tyler Durdens. Immer öfter beginnen sie nun in der Öffentlichkeit ihre Kämpfe auszutragen und immer mehr Männer treffen hinzu, um mitzukämpfen und darin eine Art Befreiung zu erfahren.

Der erste Fight Club bildet sich und mit ihm ein Regelwerk. Die Kämpfe ersetzen die Selbsthilfegruppen. Der Protagonist beginnt sich auch auf der Arbeit immer weniger

---

119 Regisseur David Fincher führte weiterhin bei mehreren erfolgreichen Filmen sowie auch bei Musikvideos Regie. Unter den Filmen finden sich u. a. „Der seltsame Fall des Benjamin Button“(2008) und „Panic Room“(2002). Zu den Musikern, mit denen er zusammenarbeitete, gehören neben vielen anderen Sting, Madonna, die Rolling Stones, Michael Jackson und Aerosmith.

120 Fight Club (USA/Deutschland 1999, R: Fincher, David), min. 11:41-11:52.

dem Chef zu fügen, für den er starke Verachtung empfindet. Alles läuft in geregelten Bahnen bis Marla erneut auftaucht und sich mit Tyler auf eine Affäre einlässt. Mehr Zeit für die Fight Clubs, das ist das Ziel des Protagonisten und so erreicht er es durch eine vorgetäuschte Attacke seines Chefs auf ihn, nicht mehr arbeiten zu müssen, jedoch weiterhin Gehalt allein für sein Schweigen über die krummen Machenschaften der Firma zu erhalten. Gekämpft wird inzwischen auch nicht mehr in der Öffentlichkeit, sondern im Keller einer Bar. Tyler beginnt inzwischen die Mitglieder zu kontrollieren – er vergibt Hausaufgaben. Ohne das Wissen des Protagonisten gründet er immer mehr Fight Clubs - auch in anderen Städten und Staaten. Schnell entwickeln sich die Fight Clubs zum von Tyler gegründeten „Projekt Chaos". Dessen Ziel sind kleinere Anschläge und schließlich der Zusammenbruch des Finanzsystems, durch die Zerstörung der Gebäude der größten Kreditkartenfirmen der Stadt. Als Tyler verschwindet macht sich der Protagonist, noch unwissend über das Ziel des „Projekts Chaos", auf die Suche. Schließlich muss er feststellen, dass niemand anderes Tyler Durden ist, als er selbst. Er leidet unter einer Identitätsstörung. „Du hast einen Weg gesucht dein Leben zu verändern und allein hast du es nicht geschafft. All das was du immer sein wolltest, das bin ich. Ich sehe aus wie du aussehen willst. Ich ficke wie du ficken willst. Ich bin intelligent, begabt und das Wichtigste, ich hab all die Freiheiten, die du nicht hast."[121] Tyler ist genau das, was er nie selbst sein konnte.

Der Protagonist versucht nun, den Anschlag zu verhindern und dabei noch Marla vor seinem Alter Ego und dessen „Projekt Chaos"[122] zu schützen. Schließlich schafft er es, sich Tylers durch einen Schuss auf sich selbst zu entledigen und Marla zu retten. Er kann jedoch nicht die Zerstörung der Gebäude verhindern, da alles, auch die Polizei, von Mitgliedern des Projektes infiltriert ist.

---

121 Fight Club, min 108:40-108:56.

122 Tyler hat sich gegen den Fall der Erkenntnis des Protagonisten gewappnet und seine Soldaten (die Mitglieder des Projekts Chaos; Tyler hat sich damit eine Armee aufgebaut, daher die Bezeichnung als Soldaten) beauftragt, das Ziel weiterhin zu verfolgen und sich durch nichts und niemanden, nicht einmal ihn selbst – aufhalten zu lassen.

„Verbrennen musst du dich wollen in deiner eignen Flamme:
wie wolltest du neu werden,
wenn du nicht erst Asche geworden bist!“
(Friedrich Nietzsche)[123]

Im Film finden sich zwei Verwandlungen der Mitglieder des Fight Clubs. Als Ausgangspunkt der ersten Verwandlung bzw. Entwicklung steht Tyler Durdens Feststellung einer deprimierenden Lage: „Wir sind die Zweitgeborenen der Geschichte, Männer ohne Zweck, ohne Ziel. Wir haben keinen großen Krieg, keine große Depression. Unser großer Krieg ist ein spiritueller, unsere Depression ist unser Leben.“[124] Sie sehen sich als Körper im Lippeschen Sinne; wie ihn die Soziologie des Körpers beschreibt. Als ein Objekt, „das kulturell und sozial geformt wird“ .[125] Ihr Körper steht als „eine Entität, die herstellbar, technisch gestalt- und erweiterbar geworden ist.“[126] Sie fühlen sich entfremdet ihres ursprünglichen Selbst. Gerade diese Erkenntnis, dass sie Produkte sind, sich selbst entfremdet sind, lässt sie sich auf die Suche nach der Erfahrung des Leibes und des Nullpunktes begeben. Der Leib, dessen Begrifflichkeit von dem althochdeutschen „lip“ stammt, war schon immer eng verbunden mit Leben.

In ihm „artikuliert sich zuletzt die Verletzlichkeit und Triebhaftigkeit des Menschen. Er ist nicht nur Medium meiner Weltwahrnehmung und meines Einwirkens auf die Welt, er ist auch Ausdruck einer Gefährdung.“[127] Diese Wahrnehmung des Leibes können die Mitglieder des Fight Club wieder erlangen, wenn sie sich zum Kampf treffen. Für sich selbst werden sie dazu wieder zu Männern, zu Leibern. Und sie leben, was sie in ihrem vorherigen Alltag durch Druck, Zwänge, Normen etc. für ihre Begriffe nicht konnten: „Man, ich sehe im Fight Club die stärksten und cleversten Männer, die es jemals gab. Ich sehe so viel Potential, das vergeudet wird. Herrgott nochmal! Eine ganze Generation zapft Benzin, räumt Tische ab, schuftet als Schreibtischsklaven. Durch die Werbung sind wir heiß auf Klamotten und Autos, machen

123 Nietzsche, Friedrich: Also sprach Zarathustra. Kritische Studienausgabe, in: Colli, Giorgio/ Montinari, Mazzino (Hg.), Also sprach Zarathustra. München/Berlin 1988. Zur schnelleren Überprüfbarkeit sei hier eine Zitatsammlung angegeben. http://www.zitate-online.de/thema/phoenix/ (Stand 07.06.11).

124 Fight Club, min 77:48-78:03

125 Jäger: Körper, S. 47 und S. 38, auch die Aufteilung Arthur Franks ist hier interessant. Er teilt beim Körpergebrauch in idealtypische Arten auf: der disziplinierte, der spiegelnde, der dominierende und der kommunikative Körper.

126 Küchenhof, Wiegerling: Leib, S.50

127 Küchenhof, Wiegerling: Leib, S.50

Jobs, die wir hassen, kaufen dann Scheiße, die wir nicht brauchen." [128] Der Schmerz, die Selbstzerstörung bedeutet für sie die Erfahrung des Leibes.[129]

Der Nullpunkt zieht sich als dauerndes Ziel durch den Film. Beginnend mit den Kämpfen und dadurch nur wenige betreffend, steht er am Ende des Films durch die Zerstörung der Kreditkartenfirmen für alle. Aber auch im Film selbst haben die von Tyler verteilten Hausaufgaben die Aufgaben, anderen eine solche Erfahrung zu ermöglichen.[130] „Auf den Nullpunkt kommen ist kein Wochenendurlaub, kein verdammtes Seminar. Hör auf, alles kontrollieren zu wollen. Lass einfach los!".[131] Diese Kontrolle übt jedoch später Tyler Durden aus, sie ist für die zweite Verwandlung relevant. Nicht nur Tyler und der Protagonist sind auf der Suche nach dem Nullpunkt, auch Marla, was schon ihre Lebensphilosophie verdeutlicht: „Ihre Lebensphilosophie war, dass sie jeden Augenblick sterben konnte. Sie sagte, die Tragödie war nur, dass es nicht geschah."[132]

Die zweite Verwandlung ist von Kontrolle gezeichnet und einer Bewegung weg vom Leib hin zum Körper.[133] Das eigentliche Ziel der Leiberfahrung wird umgekehrt in eine Maschinisierung der Fight Club Mitglieder durch die Schaffung des „Projekt Chaos". Zuerst in eine Abhängigkeit gebracht, beginnt Tyler nach und nach mehr

---

128 Fight Club, min. 67:19-67:45.

129 Vgl. „Man fühlte sich nirgendwo lebendiger als dort". (Protagonist über den Fight Club") in Fight Club, min. 42:25. „Jeden Abend starb ich und jeden Abend wurde ich wiedergeboren, feierte Wiederauferstehung" Ebd.: min. 10:45-10:52. Steht diese Aussage zu Beginn noch für die Besuche der Selbsthilfegruppen, so kann sie im späteren Verlauf auch auf den Fight Club angewendet werden. Das Sterben ist das Fallen lassen, eine Leiberfahrung, weg vom Körper. Die Wiederauferstehung steht für die gemachte Erfahrung, den dadurch veränderten Menschen im Nachhinein. „Nach einem Kampf ist alles andere im Leben leiser gedreht." Ebd.: min. 37:36-37:38 -„ Man wird mit allem fertig." Ebd.: min. 37:43. „Ich sage: fühle dich nie vollständig, Ich sage: Schluss mit der Perfektion. Ich sage: Entwickeln wir uns. Lass die Dinge einfach laufen." Ebd., min 29:23-29:31.

130 Ebd.: min. 80:23-80:30. Hausaufgabe Menschenopfer: „Morgen wird der umwerfendste Tag in Raymond Gay Hassels Leben. Sein Frühstück wird ihm besser schmecken als uns jemals etwas geschmeckt hat."

131 Ebd.: min 95:46-95:55.

132 Ebd.: min 18:10-18:16.

133 Lippe: Leib, S. 273: Lippe beschreibt dies anhand des Tanzes: „Die äußerlichen Ordnungsprinzipien wurden verinnerlicht und demonstrativ mit dem Auftreten der Personen verbunden.", sowie „Die resultierende Stärkung des Bewusstseins gegenüber dem Es, ermöglicht durch eine Reglementierung der eigenen Natur, wurde dem Ich nur äußerst vermittelt über dessen Konstitution als Manifestation des Über-Ich, nämlich der absolutistischen Gewalt, zuteil." (Bezogen auf den Film, wird die genannte absolutistische Gewalt vertreten durch Tyler Durden, worauf ich aber in einem späteren Kapitel noch zu sprechen komme).

Kontrolle auszuüben. Die Mitglieder werden mehr und mehr zu den Körpern, werden total beherrscht. Dies geht von der Bedeutungslosigkeit von Namen über totalen Gehorsam Tyler Durdens gegenüber bis hin zu der Gleichgültigkeit von Leben und Tod.[134] Man erkennt in den Männern extrem disziplinierte Körper. Eine Disziplinierung wie auch Foucault sie in „Überwachen und Strafen" beschreibt.[135] Diese zwei stark antagonistischen Bewegungen zeigen sich auch in den Gedanken des Protagonisten. Er bezieht sich im gesamten Film immer wieder auf Texte eines Jacks, geschrieben aus dem Standpunkt dessen Organe. Zu Beginn noch „Ich bin Jacks Medulla oblongata"[136] und damit zwar eine Differenzierung von Seele und Leib zeigend, aber sich auch noch auf den Leib selbst beziehend. Hier wird die Herkunft des Wortes „Leib" wichtig. Während das althochdeutsche *lib* bzw. *lip* als Begriffsursprung für Leib, leibliches und Leben bedeutete, wurde das mit Körper verwandte lateinische *corpus* später zu *corps* (Engl. Für Leiche)[137]. In dieser entgegengesetzten Begriffsbedeutung spiegelt sich die Entwicklung der Aussagen im Film wieder. Der Leib – er wird vom Protagonisten zurückerkämpft. Ein Kampf, der eine Klimax widerspiegelt, die in einer resignierten aber wütenden Aussage ihr Ende findet:

„Ich bin Jacks vergeudetes Leben.".[138]

---

134 Fight Club, min. 87:00: „Tyler baute sich eine Armee auf." Ebd.: min 102:36-102:39: „Aber Sir, wir haben beim Projekt Chaos keine Namen." Ebd.: min. 102:55-102:58: „Ja, nach dem Tod hat man einen Namen.". Ebd.: min. 102:31: „Er hat im Einsatz für Projekt Chaos sein Leben gelassen, Sir."

135 Foucault: Überwachen, S.173 „ Aus einem formlosen Teig, aus einem untauglichen Körper, macht man eine Maschine, deren man bedarf." sowie Fight Club, min 42:42 – 42:48: „Wenn ein Typ frisch in den Fight Club kam, war sein Arsch ein Klumpen Keksteig. Nach ein paar Wochen sah derselbe Typ aus wie gemeißelt."

136 Ebd.: min. 37:17-37:19.

137 Lippe: Leib, S.11. Ein weiterer Aspekt in der Betrachtung der Verwandlungen ist der der Ent-Entfremdung. Durch Einfügung der Aussagen Jacks verdeutlicht der Protagonist diese und seinen wörtlich wiedererkämpften Leib. In diesem Kampf hat er sich von der Entfremdung des Leibes zum Körper durch die Gesellschaft gelöst und so also einen Prozess der Ent-Entfremdung durchlaufen. Er hat sich seinen „Leib" erkämpft und den „Körper" dabei zurückgelassen.

138 Fight Club, min. 76:10-76:12 und min 91:32-91:35.

Quellenverzeichnis

Soziologie des Körpers, Entpersönlichung: Hillmann, Karl-Heinz : Wörterbuch der Soziologie, 5.Auflage. Stuttgart 2007.

Fuchs-Heinritz, Werner/Klimke, Daniela/Lautmann, Rüdiger u. a. (Hg.): Lexikon zur Soziologie. 5., überarbeitete Auflage. Wiesbaden 2011. [Stichwort: Entfremdung]

Fight Club (USA/Deutschland 1999, R: Fincher, David).

Foucault, Michel: Überwachen und Strafen. Die Geburt des Gefängnisses, Frankfurt am Main

Jäger, Ulle: Der Körper, der Leib und die Soziologie. Entwurf einer Theorie der Inkorporierung. Königsstein/Taunus 2004.

Johnson, Edmundo: Der Weg zum Leib. Methodische Besinnung zu einer Ontologie der Leiblichkeit anhand des Denkens Martin Heideggers. Würzburg 2010.

Küchenhof, Joachim/Wiegerling, Klaus: Leib und Körper. Göttingen 2008.

Nietzsche, Friedrich: Also sprach Zarathustra. Kritische Studienausgabe, in: Colli, Giorgio/ Montinari, Mazzino (Hg.), Also sprach Zarathustra. München/Berlin 1988

Selbst: Fuchs-Heinritz, Werner/Klimke, Daniela/Lautmann, Rüdiger/u. a. (Hg.) Lexikon zur Soziologie. 5., überarbeitete Auflage. Wiesbaden 2011.

Zitate Online: http://www.zitate-online.de/thema/phoenix/ (Stand 07.06.11)

zur Lippe, Rudolf: Vom Leib zum Körper. Naturbeherrschung am Menschen in der Renaissance. Reinbeck bei Hamburg 1988.

Sacha Szabo

Artefakt: „Körper“

Die Geburtsstunde des „Fight Clubs“
(Ein szenischer Dialog)

Tyler Durden: Ich will, dass Sie mir einen Gefallen tun.
Protagonist: Ja, sicher
Tyler Durden: Schlagen Sie mich so sehr, wie Sie können.
Protagonist: Was?
Tyler Durden: Ich will, dass Sie mich so sehr schlagen, wie Sie können.
[...]
Protagonist: Ich soll Sie schlagen?
Tyler Durden: Los. Tun Sie mir diesen Gefallen.
Protagonist: Warum?
Tyler Durden: Ich weiß nicht. Hab noch nie gekämpft. Sie?
Protagonist: Nein. Aber das ist gut.
Tyler Durden: Sie kennen sich nicht selbst, haben Sie sich nie geschlagen! Ich will nicht ohne Narben sterben. Schlagen Sie mich, bevor ich die Nerven verlier'.
Protagonist: Das ist verrückt.
Tyler Durden: Spielen wir verrückt! Legen Sie los.
Protagonist: Ich weiß nicht so recht.
Tyler Durden: Ich auch nicht. Wen kümmert's? Niemand schaut zu. Was kümmert's Sie?
Protagonist: Das ist verrückt. Ich soll Sie schlagen?!
Tyler Durden: Das ist richtig.
Protagonist: Wohin? Ins Gesicht?
Tyler Durden: Überraschen Sie mich.
Protagonist: Das ist so verdammt dumm.
Tyler Durden: Mistkerl! Er hat mir aufs Ohr gehau'n!

Protagonist: Oh Gott, es tut mir Leid.
Tyler Durden: Au, verdammt! Warum aufs Ohr, Mann?
Protagonist: Das war Scheiße.
Tyler Durden: Nein, das war perfekt.
[...]
Protagonist: Es tut wirklich weh.
Tyler Durden: Ok.
Protagonist: Schlag mich noch mal.
Tyler Durden: Nein, schlag du mich, komm schon!

Dieser Dialog[139] stellt die Geburtsstunde des Fight Club dar. Der Protagonist und Tyler Durden beginnen grundlos mit einer Schlägerei. Dabei kommt dem Schmerz, wie dieses Gespräch zeigt, eine zentrale Erlebnisgröße zu. Er ist ein Indikator für erlebte und damit existente Realität. Diese Realität wird mittels des Leibes (Schmerzen) und am Körper (Wunden) erlebt. „Körper" meint hier den durch Gesellschaft und damit in letzter Instanz, den durch das Subjekt bearbeiteten. Davon zu unterscheiden ist der unbearbeitete Körper. Der unbearbeitete Körper, der sich noch in Einheit mit der Umwelt befindet, wird in Abgrenzung dazu als Leib bezeichnet.[140] Der Körper ist das Ergebnis der Naturbeherrschung des Menschen an sich selbst.[141]

Das Produkt: „Körper"

Die Unterscheidung von Körper und Leib entspricht der Definition Rudolf zur Lippes.[142] Im Mittelalter gibt es nach Lippe noch eine sinnliche Verschränkung der Menschen untereinander und der Natur.[143] Erst in der Renaissance wird der Leib in immer stärkerem Maße zum Leib erzogen, wobei die Institutionen, die diese Bearbeitung ermöglichen, bereits vor diesem Zeitpunkt entstanden. Die Maschinisierung des Leibes

139 Fight Club (USA/Deutschland 1999, R: Fincher, David), min. 30:00 – 34:00. (Zur besseren Nachprüfbarkeit wurden hier die Dialog aus den deutschen Untertiteln entnommen).

140 Vgl. dazu: Bayertz, Kurt: GenEthik – Probleme der Technisierung menschlicher Fortpflanzung, Hamburg 1987, S. 190 – 206.

141 zur Lippe, Rudolf : Vom Leib zum Körper Naturbeherrschung am Menschen in der Renaissance, Hamburg 1988, S. 17-23.

142 Ebd.: S. 11-17. Anm.: Leib verweist etymologisch auf Leben und deutet damit auf die innige Beziehung des Menschen zu seiner Umwelt und zur Gemeinschaft hin, während Körper im Englischen zu corps (Leiche) wurde und auf das Tote verweist.

143 Lippe: Leib, S. 17-23 und vgl. dazu: Wolf, Michael: Der Körper – Die Körper, in: Kamper, Dietmar/Wulf , Christoph (Hg.): Der andere Körper, Berlin 1984, S. 49 f. und S. 52 ff.

als Körper wirkt bis in die Struktur des entstehenden Körpers, da die Struktur des Körpers seit dem Aufkommen der modernen Naturwissenschaft dem Aufbau einer biologischen Maschine gleicht. Als Maschine wird – nach der Bestimmung Franz Reuleux‘ – eine „Kombination resistenter Teile, deren jeder eine spezielle Funktion hat[144]“, verstanden.

Die neuzeitliche Medizin, die optische Geräte vermehrt einsetzt, teilt den Körper in eine Vielzahl einzelner Organe auf.[145] Bereits die ersten Untersuchungen von Organen trennten den Zusammenhang von Körper und Umwelt auf, da nicht mehr der lebende, sondern der tote Organismus, der nicht mehr in einer Verbindung zur Umwelt steht, in den Blick genommen wird. Zugleich wird der innere Zusammenhang der Organe aufgelöst, die jetzt jeweils für sich untersucht werden.

Der Körper erscheint als eine komplizierte biologische Maschine.[146] Der Körper scheint aus einer Vielzahl von einzelnen Organen konstruiert zu sein. Mit der Zergliederung des Leibes wird dieser entmystifiziert. Das Herz, das bis zu diesem Zeitpunkt als Sitz der Seele angesehen worden ist, wird zum bloßen Muskel, der die Funktion einer Pumpe ausübt. Auch das Skelett ist nach eindeutig klassifizierbaren mechanischen Gesetzen aufgebaut. In der Anatomie zeigt sich am deutlichsten, dass zur Beschreibung des Körpers Gesetze, die der mechanischen Umwelt entnommen wurden, verwendet werden.

Da der Körper wie eine Maschine aufgebaut ist, indem er sich aus vielen einzelnen Teilen zusammensetzt, muss man ihn wie eine Maschine warten und pflegen. Fehlerhafte Haltungen und Behinderungen werden korrigiert oder ausgeglichen. Dies ist das Aufgabengebiet der Orthopädie und der Prothetik.

Das Artefakt: „Körper“

Da die Funktionsabläufe des Körpers analog zu maschinellen Vorgängen gesehen wurden, ist es nicht verwunderlich, dass die ersten Prothesen von Maschinentechni-

---

144 Reuleux, Franz zitiert aus: Mumford, Lewis: Mythos der Maschine – Kultur, Technik und Macht, Fankfurt a. M. 1980, S. 222.

145 Vgl. Berr, Marie-Anne: Technik und Körper, Berlin 1990, S. 19 f.

146 Vgl. de La Mettrie, Julien Offray: Der Mensch eine Maschine, in: Völker, Klaus: Künstliche Menschen, Frankfurt a.M. 1994, S. 87 ff. und vgl. zur Lippe, Rudolf: Der Sinn der Sinne »der Körper eine Fiktion«, in: Kamper, Dietmar/ Wulf, Christoph (Hg.): Das Schwinden der Sinne, Frankfurt a. M. 1984, S. 305 f., S. 308 und siehe z. B. Faller, Adolf: Der Körper des Menschen, Stuttgart 1978.

kern entwickelt wurden. Zwar waren bereits in der Antike Prothesen bekannt, doch wurden erst im Laufe des Mittelalters funktionsfähige Prothesen entworfen.
Die bekannteste Prothese der Neuzeit ist sicherlich die des Götz von Berlichingen. Die eiserne Hand dieses Ritters konnte mit Hilfe von Druckknöpfen festgestellt werden, so dass eine – wenn auch geringe – Funktionsfähigkeit des fehlenden Körperorgans wiederhergestellt war. Mit der Prothese wird eine mechanische Vorrichtung als Teil des organischen Körpers entworfen.
Der organische Körper wird mittels mechanischer Vorrichtungen und medizinischer Erkenntnisse, die auf mechanischen Gesetzen basieren, dementsprechend versorgt, dass eine fast vollständige Wiederherstellung der ehemaligen Leistungsfähigkeit möglich ist.
Diese Reparatur der Maschine „Körper" findet jedoch nicht nur äußerlich statt, sondern es werden auch innere Organe durch künstliche ersetzt. Man denke an das Kunstherz und die Überlegungen, Computer-Chips direkt in das Gehirn zu verpflanzen. Es verschwindet in diesem Chiasmus von Mensch und Maschine die Grenze zwischen Innen und Außen, da man jetzt nicht mehr unterscheiden kann, ob die Maschine oder der Körper außen und damit Umwelt ist. Wie sich die beiden Bereiche der mechanischen und der organischen Sphäre überschneiden, wird in der Transplantationsmedizin am deutlichsten. Bei Nierenversagen wird der Patient zuerst an eine künstliche Niere angeschlossen, der organische Körper erhält ein künstliches Ersatzteil, das – wenn es möglich ist – durch ein organisches Ersatzteil ersetzt wird-
Die Ergebnisse des Maschinisierungsprozesses des organischen Körpers und der Organe wirken auf die den Körper umgebende Umwelt zurück. Die Maschinenlogik, die im Körper „entdeckt" worden ist, wird jetzt in die Umwelt, z. B. in die Fabrik, rückübertragen. Mittels der gewonnen Erkenntnisse über den Aufbau des Körpers ist es möglich, Körperfunktionen besser nachzubilden und gleichzeitig die Energieverschwendung, die durch den Einsatz des ganzen Körpers stattfindet, zu verringern. Bei der Fabrikarbeit treten nun zwei Probleme auf: Zum einen ist der Unterschied der Menschen untereinander noch so groß, dass es zu Reibungsverlusten beim Anpassungsprozess kommt; Taylor löste dieses Problem, indem er die passenden Menschen an die entsprechenden Maschinen platzierte.[147] Zum anderen ergibt sich das Problem, dass bei der Einbindung des Menschen an eine technische Maschine zu viel überflüssige „Biomasse" mit eingesetzt wird. Bei der Anpassung des Menschen an die Maschine wird nicht nur der Arm, der den Hebel bedient oder die Schraube festzieht, sondern der ganze Körper eingesetzt. Somit werden nicht alle Ressourcen

[147] Berr: Technik, S. 60 f.

optimal genutzt. So war es das Interesse Henry Fords, den Einsatz menschlicher Arbeitsleistung am Fließband auf ein Minimum zu reduzieren.
Mit der Minimierung der Arbeitsschritte geht eine Entqualifizierung der Tätigkeit einher. Der einzelne Arbeitsschritt muss nicht mehr lange erlernt werden, sondern man kann unqualifizierte und damit billigere Arbeitskräfte für diese Arbeit einsetzen, da die Arbeitskräfte nur noch eine Bewegung ausüben müssen. Der Körper des Arbeiters wird zum Teil der Maschine, da er lediglich eine Funktion übernimmt, die die technische Vorrichtung nicht selbst ausführen kann.[148] Der Arbeiter besteht nur noch aus seinem Arm, der einen bestimmten Hebel zieht. Der Körper des Arbeiters wird in seine Einzelteile zerlegt, von denen lediglich ein bestimmtes von Interesse ist. Problematisch hieran ist, dass alle übrigen Teile mit in den Produktionsprozess hineingenommen werden müssen, obwohl sie unproduktiv sind. Daher zeigt sich bereits in frühen Phasen von arbeitsteiligen Produktionsprozessen eine Tendenz zur Herausdrängung des biologischen Körpers aus der technischen Maschine. Ist bereits die Anbindung des Körpers an die Maschine Ressourcenverschwendung und ist zudem die Belastbarkeit des Körpers nicht annähernd so hoch wie die der Maschine, so erweist sich der Mensch auch noch als unberechenbarer und anfälliger Störfaktor. Diese Unwirtschaftlichkeit des Körpers führt zu dem Ergebnis, dass der Unsicherheitsfaktur „menschlicher Körper“ kalkulierbar gemacht werden muss. Dies geschieht u. a. durch Verbesserung der Situation der Arbeiter, um diese zu konstanteren Leistungen zu motivieren und die Gefahr von Streiks zu verringern.

Die Maschine: „Körper“

Der Körper wird, wo irgend möglich, aus dem Produktionsprozess herausgenommen.[149] Die Bewegung des menschlichen Körpers wird von einer Maschine effizient und spezialisiert nachgebildet. Indem einzelne Tätigkeiten durch Maschinen und Werkzeuge ausgewechselt werden, findet im weitesten Sinne eine Ersetzung körperlichen Arbeitsmaterials durch technische Vorrichtungen statt. Bereits einfache Werkzeuge ersetzen die Fähigkeit von Organen nicht nur, sondern potenzieren auch deren Funktion. So zeigt sich schon bei einem Hammer die Überlegenheit des Imitats zum Original.

148 Israel, Joachim: Der Begriff Entfremdung – Zur Verdinglichung des Menschen in der bürokratischen Gesellschaft, Hamburg 1985, S. 60-66.

149 Als pointiertes Beispiel vgl. Günther, Hanns: Automaten – Die Befreiung des Menschen durch die Maschine, Stuttgart 1930, S. 74-80.

Bei der Konstruktion von Fabrikrobotern werden medizinische Erkenntnisse in die Weiterentwicklung von Maschinen rückübertragen. Der Aufbau von Körperteilen, wie dem Arm, wird künstlich nachgebildet. Das Ergebnis sind technische Maschinen, die in ihrer Funktionsvielfalt sehr eingeschränkt sind, oft nur eine Funktion ausüben, diese jedoch effizienter als jeder Arbeiter. Sieht man die Arbeiter als biologische Prothese am „Maschinen-Körper", so findet mit der Einführung von Robotern eine Ersetzung der biologischen durch eine technische Prothese statt.
Der menschliche Leib wird konsequent aus den Produktionshallen herausgedrängt. Es findet eine Bewegung analog zur Organtransplantation statt. Industrie-Roboter sind somit die konsequente Ersetzung des Körpers im Produktionsprozess. Die benötigte Bewegung wird ohne Bindung an den menschlichen Körper von einer Maschine kopiert. Diese Maschine bildet jetzt einen Teil des Zusammenspiels unterschiedlichster technischer Maschinen, es entsteht eine technische Ganzheitsmaschine.

Das Kunstwerk: „Körper"

Es ist allen Körpern gemein, dass sie durch Disziplinierung entstanden sind. Der Körper ist durch menschliche Leistung geschaffen, er ist ein Artefakt im Sinne eines Werkzeugs, das eine bestimmte Funktion erfüllt. Jede Körperkonstruktion war ein Prozess, der den Leib von seiner Umwelt abtrennt, dieser Prozess war immer mit Schmerz verbunden und hinterlässt eine Narbenschrift. Das Symptom Schmerz ist ein Indiz für den Prozess der Körperbildung. Und hier liegt eine der Ursachen für den Boom des Fight Clubs. Man könnte sagen, dass der Fight Club der Phantomschmerz des virtuellen Arbeiters ist, denn dort wird der ehemalige Arbeitskörper konsequent zum idealen Schmerzkörper erzogen. Es scheint, als ob das System „Körper" sich jetzt im Fight Club, nachdem Ressourcen durch die Freisetzung aus schwerer Fabrikarbeit verfügbar geworden sind, seinen eigenen Ausdruck schafft.
Der Körper ist ein Artefakt im Sinne eines Kunsterzeugnisses. Der Körper ist die Verkörperung des Körpers. Der Körper, der sich im Laufe seiner Bearbeitung in immer stärkerem Maße von der ihn umgebenden Umwelt gelöst hat, ist zu einem selbstreferentiellen System geworden. Er ist auf einer anderen Ebene eine neue Einheit mit seiner Umwelt eingegangen, indem er zu seiner eigenen Umwelt geworden ist.
Die Re-Integration des Körpers in die (eigene) Umwelt ist ein Ergebnis, das sich aus dem Paradox der Gleichzeitigkeit von Körperverdrängung (z. B. aus der Fabrik) und Körperaufwertung (z. B. im Bodybuilding oder im „Fight Club") ergibt. Indem der Körper zu einer neuen Einheit gelangt, findet eine Neubewertung des Schmerzes statt; war der Schmerz vormals Indiz für den Ablösungsprozess von der Umwelt, so

ist der Schmerz jetzt Garant für die Einheit mit der Umwelt. Dieser Schmerz ist das „Reale"[150].

> Tyler Durden: „Das ist eine chemische Verbrennung. Sie tut mehr weh als jede andere Verbrennung und wird ′ne Narbe bilden.
> […] Ignorier den Schmerz nicht. […] ***Hier*** ist dein Schmerz,
> ***hier*** ist deine brennende Hand."[151]

---

150 Für Laçan ist das Reale ein elementarer, unteilbarer Erfahrungszustand, der noch nicht in eine symbolische Ordnung überführt wurde. Der Horror, der Schrecken, das Trauma. Dazu Fink, Bruce: Das Lacansche Subjekt. Zwischen Sprache und jouissance, Wien 2006). Vgl. S. 46f. daraus: „Indem es das Reale aufhebt, erschafft das Symbolische die »Realität«, Realität verstanden als das, was durch die Sprache benannt wird und worüber sich somit nachdenken und sprechen lässt. Die »soziale Konstruktion der Wirklichkeit« impliziert eine Welt, die mit den Wörtern der Sprache einer sozialen Gruppe (oder Untergruppe) bezeichnet und in dieser Sprache erörtert werden kann. Was in ihrer Sprache nicht gesagt werden kann, ist kein Bestandteil ihrer Wirklichkeit; es existiert streng genommen nicht. In Lacans Terminologie ist Existenz ein Produkt der Sprache: Die Sprache verleiht den Dingen ihre Existenz (lässt sie Teil der menschlichen Realität werden), Dinge, die nicht existierten, bevor sie codiert, symbolisiert oder in Worte gefasst wurden. Das Reale existiert somit nicht, denn es geht der Sprache voraus." Entnommen aus: http://peter-zeillinger.at/download/04_Materialblatt _091112_%28Lacan%29.pdf] [Stand: 15.05.2011].

151 Fight Club, min. 59:59.

Quellenverzeichnis

Bayertz, Kurt: GenEthik – Probleme der Technisierung menschlicher Fortpflanzung, Hamburg 1987.

Berr, Marie-Anne: Technik und Körper, Berlin, 1990.

Faller, Adolf: Der Körper des Menschen, Stuttgart 1978.

Fight Club (USA/Deutschland 1999, R: Fincher, David).

Fink, Bruce: Das Lacansche Subjekt. Zwischen Sprache und jouissance, Wien 2006.

Günther, Hanns: Automaten – Die Befreiung des Menschen durch die Maschine, Stuttgart, 1930.

Israel, Joachim: Der Begriff Entfremdung – Zur Verdinglichung des Menschen in der bürokratischen Gesellschaft, Hamburg 1985.

La Mettrie, Julien Offray de: Der Mensch eine Maschine, in: Klaus Völker: Künstliche Menschen, Frankfurt a. M. 1994.

Reuleux, Franz zitiert aus: Mumford, Lewis: Mythos der Maschine – Kultur, Technik und Macht, Frankfurt a. M. 1980.

Wolf, Michael: Der Körper – Die Körper, in: Kamper, Dietmar/Wulf, Christoph (Hg.): Der andere Körper, Berlin 1984.

Zeilinger, Peter: http://peter-zeillinger.at/download/04_Materialblatt_091112_%28Lacan%29.pdf] [Stand: 15.05.2011].

zur Lippe, Rudolf: Der Sinn der Sinne »der Körper eine Fiktion«, in: Kamper, Dietmar/ Wulf, Christoph (Hg.): Das Schwinden der Sinne, Frankfurt a. M. 1984.

zur Lippe, Rudolf: Vom Leib zum Körper. Naturbeherrschung am Menschen in der Renaissance, Hamburg 1988.

BBQ_Art 2

Isabell Köhler

Fight Club - eine „Geschichte des Schmerzes"?

> „Schmerz ist elementar – wie Feuer oder Eis. Wie die Liebe ist Schmerz eine jener menschlichen Grunderfahrungen, die uns zu dem machen, was wir sind. Am ähnlichsten ist der Schmerz der Liebe vielleicht darin, daß er wie von selbst kommt und geht, scheinbar fast völlig unbekannten Gesetzen gehorchend.[152]

Das Buch „Geschichte des Schmerzes" von David B. Morris soll die elementare Bedeutung von Schmerz, die in der westlichen Gesellschaft laut Morris verdrängt wird, aufdecken und zeigen, was durch ein neues Verständnis von Schmerz entstehen kann. Ebenso wählt der Film Fight Club Schmerz als ein zentrales Thema und schafft ein neues Verständnis von diesem.

Diese Analyse beschränkt sich auf die Organisation Fight Club. Themen hierbei sind nach Sinneinheiten eingegrenzt und beinhalten beispielsweise die spirituelle Bedeutung von Schmerz, der Umgang mit Schmerz in der Gesellschaft, die Auseinandersetzung mit dem Tod und der Mythos der zwei Schmerzen.

Die „Geschichte des Schmerzes"

David B. Morris geht in seinem Buch auf die Rolle des Schmerzes innerhalb menschlichen Lebens ein und kommt dabei zum Schluss, dass in der westlichen Gesellschaft ein neues Schmerzverständnis von Nöten ist.[153] Dies beinhaltet die Ersetzung des so genannten alten organischen Modells – gekennzeichnet durch die Trennung von physischen und psychischen Schmerz und der Formulierung von Schmerz als bioche-

---

152 Morris, David B.: Geschichte des Schmerzes, Frankfurt a. Main 1996, S. 9.

153 Ebd.: S. 11.

misches Problem – mit einem mehrdimensionalen Modell, um die Verantwortung des Verständnisses von Schmerz wieder übernehmen zu können.[154] Dies heißt jedoch nicht, dass die Erkenntnisse der Medizin – zur zum Beispiel Schmerzlinderung – nicht genutzt werden, sondern vielmehr im mehrdimensionalen Modell integriert werden sollen.[155] Es kann nicht von einem „Schmerz im Vakuum“[156] gesprochen werden, da Schmerz historisch, persönlich, sozial und kulturell bedingt ist.[157]
Um die Problematik zu verdeutlichen, nennt er chronische Erkrankungen als die Krise unserer heutigen Gesellschaft, die nur zu überwinden ist, wenn die Menschen lernen, die aus dem Schmerz entstehenden Ungewissheiten zu akzeptieren und zu verwandeln.[158]
Ein weiteres Problem sieht Morris im Fehlen einer angemessenen Ethik für das tägliche Leben, wodurch Handlungsmuster übersehen werden, die mit Gewalt und Schmerz in Verbindung stehen. Als Beispiel nennt er hierbei sexuelle Machtkämpfe zwischen Mann und Frau.[159]
Die Verdrängung des Schmerzes führt dazu, dass wir die an uns gestellten Forderungen des Schmerzes übersehen und Lebens- und Denkweisen nicht überdacht werden können, die möglicherweise zur Unterstützung einer Krankheit beitragen.[160]
Um ein neues Verständnis von Schmerz zu schaffen, geht David B. Morris auf unterschiedliche Epochen und Themen ein, die den Blick auf den Begriff erweitern und neue Fragen aufwerfen sollen.[161]
Zunächst geht er auf den „Mythos der zwei Schmerzen“[162] ein – die Trennung zwischen physischen und psychischen Schmerz. Dieser ist entstanden, indem der Medizin die Interpretation von Schmerzen vollkommen überlassen wurde.[163] Morris kritisiert dies und sagt, dass von einer Interdependenz zwischen Körper und Geist zu sprechen ist. Hier nennt er als Beispiel chronische Erkrankungen.[164]
Chronische Schmerzen werden von der Medizin aufgrund ihrer Auffassung, dass Schmerz in physischen und psychischen aufgeteilt ist, vernachlässigt, was zur Folge

---

[154] Ebd.: S. 15, S. 32-34.
[155] Ebd.: S. 14.
[156] Ebd.: S.374.
[157] Ebd.: S. 41-43, S. 47.
[158] Ebd.: S. 15, S. 335.
[159] Ebd.: S. 254-261.
[160] Ebd.: S. 397-399.
[161] Ebd.: S. 18.
[162] Ebd.: S. 19.
[163] Ebd.: S. 32.
[164] Ebd.: S. 20.

hat, dass Schmerz nicht als eigenständige Krankheit akzeptiert wird und die Konsequenzen von chronischen Erkrankungen wie Isolation oder die mögliche Auflösung des Selbst nicht erkannt werden. Das alte organische Modell bezieht sich nur auf akuten Schmerz, der einen biologischen Zweck beinhaltet, während chronische Schmerzen als psychogene Schmerzen bezeichnet werden – vom Gehirn hervorgerufene oder unterhaltene Schmerzen. Allerdings sind Fortschritte durch die Gründung von Schmerzkliniken zu erkennen, die Schmerz als behandlungsbedürftige Krankheit anerkennen.[165]

Eine typische chronische Erkrankung ist laut Morris die Hysterie – die älteste und modernste aller weiblichen Erkrankungen –, bei der Schmerz eine zentrale Rolle spielt und die aufgrund von gesellschaftlichen Bedingungen entstehen kann. Heute tritt sie hauptsächlich als Selbstschutzfaktor auf, um den nicht aushaltbaren Schmerz zu verdrängen und zu unterdrücken.[166]

Der Schmerzzustand ist als Krisenzustand zu verstehen, der uns mit unserer Sterblichkeit konfrontiert und steht deshalb eng in Verbindung mit der Frage nach dem Sinn. Schmerz hat überdies die Fähigkeit, unbewusste Werte aufzudecken.[167]

Eine Vision, wohin die Ansichten des alten organischen Modells führen können, schafft der Marquis de Sade durch die Verbindung von Schmerz mit sexueller Lust, die ihm zufolge die Wahrheit und die Natur des Menschen aufdeckt. Gesetz und Ordnung verlieren dadurch an Bedeutung und alles ist den beiden Prinzipien untergeordnet. De Sades Vision kann als Aufforderung verstanden werden, sich mit einem neuen Verständnis von Schmerz auseinanderzusetzen.[168]

Mit Schmerz wird auf unterschiedliche Weise umgegangen. Morris spricht als Beispiele die Komödie, den visionären Schmerz, die Tragödie, die Satire und die Theologie der Befreiung an. Des Weiteren spricht Morris von einer Verbindung zwischen Schmerz und Schönheit, die sich in drei Momenten äußert – dem klassischen, dem sentimentalen und dem postmodernen –, die jeweils Schmerz in Bezug auf Schönheit anders aufgreifen.[169]

165 Ebd.: S. 95, S. 102-107, S. 218.
166 Ebd.: S. 150, S. 155, S. 168, S. 174.
167 Ebd.: S. 49, S. 54-56, S. 68.
168 Ebd.: S. 314-315, S. 319-322, S. 335.
169 Ebd.: S. 275-276.

Schmerz als zentrale Rolle im Fight Club

Im gleichnamigen Club treffen sich Männer, um gegeneinander zu kämpfen. In den Regeln des Fight Club wird festgehalten, unter welchen Bedingungen der Kampf stattfinden soll. Es kämpfen jeweils nur zwei Personen. Der Kampf wird abgebrochen, sobald eine von beiden ein Zeichen gibt oder zu schwach ist.[170] Alles andere um den Kampf herum verliert an Bedeutung.

Gewinnen oder verlieren spielt beim Kampf keine Rolle. Vielmehr erhält dieser eine spirituelle Bedeutung. Der Protagonist Jack spricht von Errettung und setzt die Kämpfer mit Göttern gleich, wodurch der Kampf eine ästhetische Wirkung erzielt.[171]

Warum wählt der Fight Club den Schmerz und gibt diesem eine spirituelle Bedeutung? Was bewirkt Schmerz? Und wie wird mit Schmerz in der restlichen Gesellschaft umgegangen?

In David B. Morris Buch geht dieser auf das Zusammenwirken von Schmerz und Schönheit ein und nennt hierbei den Chirurgen Richard Selzer. Dieser ist der Ansicht, dass durch Schmerzen Göttliches entstehen kann. Es entwickelt sich Schönheit aufgrund der Wahrheit, die Schmerz aufdeckt – sei sie erwünscht oder unerwünscht.[172]

> „Du bist nicht dein Job. Du bist nicht das Geld auf deinem Konto. Nicht das Auto, das du fährst. Nicht der Inhalt deiner Brieftasche. Und nicht deine blöde Kargohose. Du bist der singende tanzende Abschaum der Welt.“[173]

Durch das Erfahren von Schmerzen schafft Tyler eine neue Wahrheit, die die Sinnlosigkeit unseres Daseins veranschaulichen soll. Dabei kritisiert er alles in der Gesellschaft, das versucht, Sinn durch Besitz zu schaffen. Er stellt der Welt der Worte mit ihren Doppeldeutigkeiten die sichtbare Gewissheit und Wahrheit des Körpers entgegen – wie es Morris nennt –, der Stimme und Körper als komplementär gegenüberstellt.[174] Während einer Rede vor den Mitgliedern des Fight Club nennt er sich und die anderen „Die Zweitgeborenen der Geschichte. [...] Männer ohne Zweck, ohne Ziel.“[175] Der Fight Club schafft den spirituellen Krieg als neues Ziel, der sich

---

170 Fight Club (USA/Deutschland 1999, R: Fincher, David), min. 41:00-41:56.
171 Ebd.: min. 42:00-42:13, min. 44:09-44:38.
172 Morris: Schmerz, S. 302-304.
173 Fight Club, min. 81:03-81:26.
174 Morris: Schmerz, S.347.
175 Fight Club, min: 68:03-68:05.

im Erleben von Schmerzen und durch öffentliche Aktionen mit dem Projekt Chaos äußert.[176]

Auch Morris spricht von einer spirituellen Wirkung des Schmerzes durch das Zusammenwirken mit der Frage nach dem Sinn. Der Kreis des Schmerzes von Bedeutungslosigkeit – der Versuch, den Schmerz herunterzuspielen und zu ignorieren – zur Sinnhaftigkeit – dem Schmerz eine Bedeutung geben und alles nach ihm ausrichten – und schließlich hin zur spirituellen Erweckung und der Akzeptanz des Schmerzes.[177] Morris spricht jedoch von nicht beabsichtigten, anhaltenden Schmerzen, während im Fight Club diese absichtlich zugefügt und empfunden werden, um zur spirituellen Erweckung zu gelangen.

Tyler fragt den Protagonisten Jack bei ihrem ersten Kampf: „Was weißt du über dich, wenn du dich nie geprügelt hast?“[178] Demnach scheint Schmerz etwas zu sein, das Mensch mit sich selbst konfrontiert.

Morris schreibt, dass Schmerz Werte und Vorstellungen aufdecken kann, die uns zuvor unbewusst waren.[179] Bei chronischen Erkrankungen kann es sogar so weit kommen, dass alle vorherigen Erwartungen der Person erlöschen und sich ihr Leben vollkommen nach dem Schmerz ausrichtet. Zuletzt befindet sich diejenige durch den Schmerz vollkommen isoliert in einer Gegenwelt – alles, was vorher war, erscheint wie ein Traum.[180]

Schmerz hat also eine starke Wirkung auf unsere Lebensführung. Während bei nicht beabsichtigten Schmerzen dieser meist – besonders in seinen Anfängen – einen negativen Einfluss hat, indem alltägliche Situationen – wie Zeit mit Freunden verbringen – nicht mehr genossen werden können, kann absichtlich zugefügter Schmerz genau die gegenteilige Wirkung erzielen, wie es im Fight Club der Fall ist. Der Schmerz lässt den Alltag, der mit Negativem verbunden wird, verblassen und etwas Neues rückt in den Vordergrund – Akzeptanz.[181] Hinnehmen, dass Körper und Geist miteinander vereint sind und wir nicht unseren Körper beherrschen können.

Es geht darum, den Tod zu akzeptieren, anstatt ihn zu fürchten. Dies wird besonders in zwei Szenen deutlich. In der ersten Szene schüttet Tyler Lauge über Jacks Hand und sagt:

[176] Ebd.: min. 68:10-68:50.
[177] Morris: Schmerz., S. 54-58.
[178] Fight Club, min. 32:59-33:01.
[179] Morris: Schmerz, S. 68.
[180] Ebd.: S. 102-105.
[181] Ebd.: S. 102-105

> „Zuerst musst du wissen, nicht fürchten, dass du einmal sterben wirst. [...] Erst nachdem wir alles verloren haben, haben wir die Freiheit, alles zu tun.“[182]

Die Sterblichkeit des eigenen Körpers muss akzeptiert werden, um Freiheit erleben zu können. Die Erfahrungen mit dem Schmerz sollen dabei die Angst nehmen.
In der zweiten Szene sind Tyler und Jack mit zwei anderen Männern vom Fight Club im Auto. Tyler fährt und hegt die Absicht, einen Unfall zu bauen. Er fragt die beiden Männer und Jack, was sie noch gerne vor ihren Tod gemacht hätten. Jack will ihn zunächst davon abhalten und hält das Lenkrad fest. Daraufhin sagt Tyler:

> „Du musst vergessen, was du weißt. Und das ist dein Problem. Vergessen, was du glaubst zu wissen – über das Leben, über Freundschaft und besonders über dich und mich. [...] Hör auf, alles kontrollieren zu wollen. Lass los.“[183]

Sie gehen das Risiko ein, in diesem Moment zu sterben und versuchen die Situation als solche zu akzeptieren. Als sie sich aus dem Auto befreien, lacht Tyler und sagt, dass sie gerade knapp dem Tod entkommen sind. Die Schmerzen, die der Körper Mensch spüren lässt – die Nahtoderfahrung – lösen in Tyler Euphorie aus.[184]
Morris spricht dabei vom visionären Schmerz. Durch die Akzeptanz des Schmerzes erlebt die Person eine transzendentale Erfahrung, die sie mit Gott verbindet und zu einer jenseitigen Wahrheit hinführt. Auch hier wird Schmerz absichtlich zugefügt, um dieses Gefühl zu erlangen.[185] Der visionäre Schmerz hält an dem Mythos der zwei Schmerzen fest.

Hält auch der Fight Club an diesen Mythos fest?

Zunächst wird psychisches Leiden in physische Schmerzen umgewandelt. Diejenigen, die zum Fight Club kommen, sind unzufrieden mit ihrem Leben und suchen einen neuen Sinn. Sie leiden unter den gesellschaftlichen Gegebenheiten, die ihnen auferlegen, Dinge zu tun, die nicht ihren Wünschen entsprechen.[186] Diese Unzufriedenheit erhält seinen Ausdruck im Kampf und wird durch diesen kompensiert. Nach dem Kampf fühlen sie sich lebendiger und wirken zufrieden.[187] Dadurch zeigt sich, dass der Fight Club nicht am Mythos der zwei Schmerzen festhält, sondern sich gera-

---

182 Fight Club, min. 61:16-61:31.
183 Ebd.: min. 94:46-96:02.
184 Ebd.: min. 97:12-97:19.
185 Morris: Schmerz, S.180-187.
186 Fight Club, min. 67:20-67:40.
187 Ebd: min. 42:10-42:30.

de die Interdependenz von Körper und Geist zu Nutzen macht. Auf der körperlichen Ebene wird durch Schmerz auf der psychischen Ebene Glück ausgelöst.

Während Schmerzen in der Gesellschaft meist als etwas Negatives angesehen werden, das es zu vermeiden gilt, hat dieser im Fight Club und auch als visionärer Schmerz eine positive Bedeutung. Innerhalb der Gesellschaft besteht der Glaube an einen chemischen Sieg über den Schmerz. Die Entdeckung von Aspirin, um Schmerz medikamentös zu behandeln, zeigt dies auf.[188] Schmerz hat für die Gesellschaft zweifellos etwas Gefährliches durch seine Wirkung, die Prioritäten einer Person umkippen und neu ausrichten zu können. Werte, die für denjenigen vor den Schmerzen eine große Rolle gespielt haben und die Gesellschaft stützen – wie zum Beispiel angemessenes Auftreten, das Anerkennen von Hierarchien im Beruf –, können an Bedeutung verlieren.

Der Protagonist Jack, der vor dem Aufeinandertreffen mit Tyler seine Rollen in der Gesellschaft ohne zu Kunde tuenden Widerspruch akzeptiert hat – der Rolle als Konsument und der Rolle als Rückrufkoordinator eines amerikanischen Autoherstellers[189] –, ist mit dem Aufkommen des Fight Club immer weniger darum bemüht, diese Rollen zu erfüllen. Er tritt ungepflegter und durch die Kämpfe entstellt auf und geht als krönenden Abschluss zu seinem Chef und fordert die Umstellung zum freiberuflichen Berater, wodurch er weiterhin dasselbe Gehalt erhält und dafür nichts von dem verrät, was in der Firma vertuscht wird. Als sich der Chef darauf nicht einlassen will, fängt er an, sich selbst zu schlagen und gibt, als die Sicherheitsleute hereinkommen, dem Chef die Schuld daran. Dadurch erhält er seine Forderung.[190]

Der Fight Club schafft eine Gleichgültigkeit, die das gesellschaftliche Leben gefährdet. Eine neue Mentalität entsteht. Tyler sagt in einem der ersten Gespräche zwischen ihm und Jack, nachdem dieser seine zerstörte Wohnung aufgefunden hat: „Ich sage: Fühl dich nie vollständig. Ich sage: Schluss mit der Perfektion. Ich sage: Entwickeln wir uns. Lass die Dinge einfach laufen."[191] Dinge, die in der Gesellschaft angestrebt werden und die Medien übermitteln – durchtrainierte Körper; Antifalten-Cremes, um ewig jung auszusehen; die eigene Einrichtung als etwas ansehen, das den Charakter zum Ausdruck bringen sollte –, werden durch diese neue Mentalität negiert.

Es entsteht eine Wahrheit, die zweierlei Wirkung hat – sie schafft neuen Sinn und greift die Einstellungen der Gesellschaft an. Morris spricht von der Notwendigkeit eines neuen Schmerzverständnisses in der westlichen Gesellschaft, die das alte orga-

188 Morris: Schmerz, S.87-88.
189 Fight Club, min. 04:20-05:33; min. 18:30-20:44.
190 Ebd.: min. 53:00-53:20; min. 62:50-65:50.
191 Ebd.: min. 29:00.

nische Modell ablösen soll.[192] Der Fight Club schafft ein neues Schmerzverständnis, das viele der Punkte aufgreift, die für Morris relevant sind. Die Menschen müssen sich mit Schmerz auseinandersetzen und diesen akzeptieren. Jeder trägt Verantwortung dafür, wie er seinen Schmerz versteht und dabei ist es wichtig zu begreifen, dass der Körper neben dem Geist einen Teil von uns ausmacht und nicht verdrängt werden kann.[193] Durch Schmerz besteht die Möglichkeit, Neues zu lernen. Morris sagt: „Das Denken wird irgendwie aus dem Schmerz gelernt, geboren oder geschaffen."[194] Schmerz erhält damit eine weit reichende Bedeutung und scheint ein zentrales Thema in unserem Leben auszumachen, das unser Denken prägt. Auch im Fight Club ist Schmerz ein zentrales Thema und ändert das Denken der Gemeinschaft.

Schaut man sich die Kämpfe im Fight Club an, gibt es im Boxen zum Teil Ähnlichkeiten. Morris spricht Boxen bezüglich der Tragödie an und geht dabei auf die Romanschriftstellerin Joyce Carol Oats ein, die das Boxen als „Amerikas tragisches Theater"[195] bezeichnet. Laut Oats sind durch die Verdrängung der Tragödie nur Überbleibsel von dieser zu erkennen, die sich im Boxen äußern. Dort ist wie in der Tragödie der Mittelpunkt der Körper und dessen Verwundbarkeit. Diese Verwundbarkeit konfrontiert Mensch mit dem Tod – ein Grund, weshalb die Tragödie verdrängt wurde. Furcht ist die Basis beim Boxen. Furcht vor einer möglichen Niederlage. Die Tragödie ist Schauplatz der Niederlage eines einzelnen Menschen.[196]

Auch im Fight Club ist das Zentrum der Körper und Ziel die Bewusstwerdung der eigenen Verwundbarkeit und damit das Rückgewinnen von Körpergefühl und Lebendigkeit. Jedoch wird im Fight Club dabei nicht von einer Niederlage gesprochen, sondern es wird vielmehr als ein Gewinn umgedeutet.

Als Tyler sich von dem Besitzer der Kneipe, der nichts davon wusste, dass der Fight Club in dieser stattfindet, zusammenschlagen lässt und dies über sich ohne ein Anzeichen von Furcht ergehen lässt, drehen sich die Rollen um. Obwohl Tyler kein einziges Mal zurück schlägt und damit sein Körper eindeutig dem Körper des Besitzers unterliegt, macht er sich die Akzeptanz und die Gleichgültigkeit gegenüber der Niederlage zum Nutzen und versetzt den Besitzer in die Rolle des Unterlegenen. Er bespritzt ihm mit seinem Blut und löst dabei beim Besitzer so einen starken Ekel aus, dass dieser nachgibt.[197] Ekel vor dem Blut und der Verunstaltung, die er geschaffen hat, und Angst vor dem ungewohnten Verhalten eines Menschen, der eine körper-

192 Morris: Schmerz, S.11.
193 Ebd.: S. 390-400.
194 Ebd.: S.399.
195 Ebd.: S.354.
196 Ebd.: S. 358-361.
197 Fight Club, min. 69:00-71:12.

liche Niederlage erlitten hat, jedoch keine Anzeichen von einer gefühlten Niederlage aufzeigt, sondern dies über sich ergehen lässt und ausnutzt.
Was vielleicht von außen und durch ähnliche Charakteristika wie eine Tragödie erscheint, wird von den Mitgliedern des Fight Club als solche nicht aufgefasst. Vielmehr erhält das Ganze einen vergnügten Unterton. Anstatt selbst zurückzuschlagen, stachelt Tyler den Besitzer der Kneipe geradezu an, ihn weiter zu schlagen und lacht dabei, als ob dieser nichts verstanden hätte.
In einer weiteren verdeutlichenden Szene, die darauf folgt, wird den Mitgliedern des Fight Club von Tyler aufgetragen, einen handgreiflichen Streit mit einem Fremden anzufangen und diesen zu verlieren. Die Szene ist mit heiterer Musik unterlegt und nimmt deshalb der Situation die Ernsthaftigkeit.[198] Anders dargestellt könnte solch eine Szene ganz andere Wirkungen erzielen. Sie könnte schockieren, indem sie die Grausamkeit einer Prügelei und die Überschreitung der Grenze hin zur Anwendung von Gewalt viel stärker hervorhebt. So erhält das Ganze aber etwas Albernes, das durch das Zurückgreifen auf die Körperlichkeit des Menschen und die Verdrängung dieser Tatsache von der Gesellschaft erzeugt wird. Normalerweise versucht ein Mensch Konflikten – besonders handgreiflichen – aus dem Weg zu gehen. Dies wird von den Mitgliedern des Fight Club ausgenutzt, um die Grenzen hin zur Gewaltausübung der Personen zu testen. Die Schmerzen, die dabei im Spiel sind, werden als Zuschauer nicht empfunden.
Morris spricht in seinem Buch an, was Schmerz in der Komödie für eine Rolle spielt. Die Komödie nutzt den Körper als Ursprung und Gegenstand des Gelächters. Sie beschäftigt sich mit der Frage, was es heißt, körperlich zu sein. Dabei spielen Themen wie Sexualität und Schmerz eine große Rolle. Themen, die von der Gesellschaft zum Teil unangetastet bleiben. Wichtiges Merkmal von dieser ist, dass sie Situationen schafft, in denen Schmerzen erzeugt werden, diese jedoch nicht von den Zuschauern empfunden werden. Wesentlich dabei ist jedoch der Rückzug von Schmerz, weshalb chronische Erkrankungen meist nicht in der Komödie thematisiert werden.[199]
Auch im Fight Club geht es um Schmerzen, die sich nach gegebener Zeit zurückziehen. Es sind akute Schmerzen, die einen biologischen Zweck haben – die Heilung einer Wunde –, und vielleicht ihre Narben hinterlassen, jedoch nicht wie chronische Schmerzen ein nicht absehbares Ende haben.
Ist es vielleicht deshalb auch so leicht, dem Schmerz seine Ernsthaftigkeit zu nehmen? Und ist es nicht auch leichter, einen Sinn für den Schmerz zu finden, wenn Menschen nicht unablässig mit diesem konfrontiert werden? Im Fight Club haben

198 Ebd.: min. 71:43-72:45.
199 Morris: Schmerz, S.115-119; S. 132.

die Mitglieder zum Teil Kontrolle über ihre Schmerzen. Sie lassen sich auf einen Kampf ein – nehmen dementsprechend den Schmerz hin. Sie stellen sich auf den Schmerz ein und ziehen ihren Gewinn aus der Situation. Eine Person, die an einer chronischen Erkrankung leidet, hat jedoch nicht die Möglichkeit, Kontrolle über ihren Schmerz zu erlangen. Sie kann ihn eindämmen, jedoch wird der Schmerz nicht kommen und gehen, wann diese es möchte. Sie ist mit der Unberechenbarkeit von Schmerz konfrontiert. Das macht es um einiges schwerer, Schmerz zu akzeptieren.
Chronische Schmerzen werden im Fight Club nicht angesprochen. Demnach scheint diese Art von Schmerz nicht thematisiert zu werden und wir können davon ausgehen, dass der Schwerpunkt auf akutem Schmerz liegt.
Eine Ausnahme, die im Fight Club vorgestellt wird, bildet Bob. Jack hat Bob in der Selbsthilfegruppe für Hodenkrebs kennen gelernt. Bob hat durch die Behandlung all sein Geld verloren, seine Frau hat sich scheiden lassen und seine beiden Töchter wollen keinen Kontakt mehr zu ihm. Zusätzlich hat ihm die hormonelle Behandlung Brüste wachsen lassen.[200] Er leidet an Schmerzen, die nicht behebbar sind. Der Fight Club gibt ihm neue Hoffnung und lenkt ihn von seiner Vergangenheit ab.
Chronische Erkrankungen führen oft zur Isolation der Person, da es schwierig ist, einen anderen Menschen verständlich zu machen, wie es sich anfühlt, mit diesen Schmerzen zu leben. Morris nennt hierbei den Chirurgen Selzer, der sagt, dass der Mensch „entweder ganz innerhalb oder völlig außerhalb ihres [des Schmerzens, d. Verf.] Bereichs“[201] ist. Schmerz kann erst verstanden werden, wenn man sich inmitten diesen schon mal bewegt. hat.
Während demnach chronische Erkrankungen häufig in Isolation enden, erzielt beim Fight Club Schmerz die Wirkung, eine Gemeinschaft zu schaffen.

Wie kann es sein, dass Schmerz einmal isoliert und ein anderes Mal verbindet?

Die Kontrolle über den Schmerz spielt eine große Rolle. Zum einen erleiden alle ähnliche Schmerzen. Des Weiteren haben es – wie schon genannt – die Mitglieder mit akuten Schmerzen zu tun. Biologischer Zweck ist die Heilung der Wunde. Ist diese verheilt, endet meist auch der Schmerz. Demnach hat der Schmerz einen Sinn. Bei chronischen Erkrankungen hingegen handelt es sich um psychogenen Schmerz – vom Gehirn hervorgerufen oder unterhalten –, der meist keinen biologischen Zweck verfolgt und demnach die Sinnfrage eine viel schwierigere ist.

200 Fight Club, min. 07:50-08:20.
201 Morris: Schmerz, S. 308.

Ein weiterer wichtiger Punkt, den Morris nennt, ist, dass akuter Schmerz die Person weiterhin in der alltäglichen Welt belässt, während chronische Schmerzen in eine nicht gewollte Gegenwelt führen.[202] Die Mitglieder des Fight Club bleiben zunächst in der alltäglichen Welt und beschließen letztendlich bewusst, sich von dieser abzukoppeln, indem sie sich nur noch dem Fight Club und dem daraus entstehenden Projekt Chaos widmen, das Angriffe auf die öffentliche Ordnung ausübt. Um bei diesem mitzuwirken, muss die Person drei Tage lang vor dem Haus von Tyler und Jack ausharren. Hat sie dies erfüllt, ist sie Teil des Projekt Chaos und wohnt von da an bei den Protagonisten. So kommt es, dass eine Gemeinschaft entsteht, die unablässig zusammen ist.[203] Jack nennt sie „Planet Tyler"[204].

Es lässt sich also abschließend sagen, dass es von Bedeutung ist, um was für eine Art von Schmerz es sich handelt, mit dem eine Person konfrontiert wird, was für einen Sinn sie diesen gibt und wie sie dementsprechend mit ihm umgeht. Die Tatsache, dass das Thema Schmerz aus der westlichen Gesellschaft verdrängt wird, erschwert jedoch eine ernsthafte Auseinandersetzung mit diesem. Dadurch sind Personen – besonders mit chronischen Erkrankungen – auf sich alleine gestellt, was häufig zur Überforderung und schließlich Isolation führt. Der Fight Club wirkt dem entgegen. Schmerz macht in diesem nicht alleine, sondern schafft eine Gemeinschaft. Sie akzeptieren die Verwundbarkeit des Körpers und erzielen damit ein neues Bewusstsein, das sich gegen die Vorstellungen der westlichen Gesellschaft stellt und auf das Wesentliche im Leben aufmerksam machen soll: das Leben im Jetzt und das Wissen, dass der Tod jederzeit eintreten kann. Im Projekt Chaos gehen sie schließlich soweit, dass sie bewusst jeden Tag ihr Leben aufs Spiel setzen. Der Fight Club konfrontiert demnach die Gesellschaft mit ihren eigenen Ängsten – der Angst vor dem Tod; der Angst davor, dass das, was den Menschen in einer westlichen Gesellschaft ausmacht – wie die Rolle als Konsument – im Grunde sinnlos ist; die Angst vor dem Schmerz.

Es ist ein neues Schmerzverständnis von Nöten – wie Morris sagt – um sich mit diesen Ängsten auseinanderzusetzen und um zu lernen, Schmerz zu akzeptieren.

---

202 Ebd.: S.100-103.
203 Fight Club, min. 84:16-88:16.
204 Ebd.: min. 98:00.

Quellenverzeichnis

Fight Club (USA/Deutschland 1999, R: Fincher, David).
Morris, David B.: Geschichte des Schmerzes. Frankfurt a. Main 1996.

BBQ_Art 3

Lukas Poetschke

Techno-Logik bei Fight Club

> „In der Antike ist er [der Mensch] Werkzeug. Dann, unter dem Eindruck der sich selbst bewegenden Maschine folgt das Körper-Bild der Bewegung der Uhr, schließlich der Wärmekraftmaschine (als Energiefluss) und zuletzt der Funktionslogik des Computers. Im Letzteren fallen, da nun die Maschine von der Materie befreit ist, Mensch und Technik wieder zusammen.“[1]

Marie-Anne Berr betrachtet die Geschichte seit der Antike als einen Entwicklungsprozess, der die Menschen unter die jeweils vorherrschende Techno-Logik ordnet. Der Mensch definiert sich über die von ihm seit der Antike entwickelte Technik und denkt in zunehmendem Maße in dieser technischen Logik. Als Antipode nennt Berr das organische Denken, das heute noch von Naturvölkern praktiziert wird. Kern dieses organischen Denkens ist die „organische Einheit von Körper und Denken“[2]. Damit meint Berr das tiefe kulturelle Verbundensein von Gedachtem und dem Gesagtem- bzw. Getanem, anders ausgedrückt, das Erlebte spiegelt das Gedachte wieder. Die Sprache entstand aus dem körperlichen Denken, durch die direkte Übertragung des körperlich Erlebten in eine Lautsprache. In der Antike begann sich der Mensch im abendländischen Kulturkreis durch die Erfindung und Einführung einer „linearen Symbolschrift“[3] von der impulsgebenden Kraft des Körpers zu lösen. Diese lineare Symbolschrift ist nichts anderes als die Übersetzung und Manifestierung einer organischen Sprache in eine Schrift wie wir sie kennen. Die lineare Symbolschrift ist ge-

1 Berr, Marie-Anne: Technik und Körper, Berlin 1990, S. 139.
2 Ebd.: S. 6.
3 Ebd.: S. 157.

prägt von der Techno-Logik und folgt nur ansatzweise dem organisch-körperlichen Prinzip der organischen Sprache.

Berr sieht den Prozess der linearen Sprachbildung und des damit verbundenen abstrakten Denkens auch als eine Befreiung des Menschen von seiner Naturhaftigkeit im Denken. Doch orientiert sich die neue Logik des Denkens an der Logik der jeweils vorherrschenden Technik und wird damit wiederum determiniert. Wir leben heute also in einer durch die Techno-Logik definierten Welt, was für die Analyse des Fight Clubs wichtig sein wird.

Man könnte den heutigen, in der westlichen Welt lebenden Mensch, auch als Cyborg bezeichnen. Cyborgs sind kybernetische Organismen, die Hybride aus Mensch und Maschine sind.[4] Damit rücken Mensch und Maschine näher zusammen, was dazu führt, dass Menschen sich „wie Informationsverarbeitungssysteme behandeln [lassen], Computer wie Organismen. Der Technologisierung der Menschen entspricht die Psychologisierung und Sozialisierung der Maschinen“[5].

Wenn jedoch der menschliche Teil des Cyberwesens vernachlässigt wird oder gar ganz verschwindet, kann die „analogiebildende Kraft des Leibes nicht zustande kommen. […] Die Welt wird kalkulierenden Cyberwesen letztlich verschlossen bleiben“[6]. Dieser Gedanke wird von Berr nicht verfolgt, ist aber wichtig, um eine kritische Position gegenüber der Technisierung zu bestimmen.

Befreiung von der Materie: das universale Sprachsystem

> „Der Mensch wird mit dem objektiven universalen Sprachsystem zum unendlichen Beweger der Welt – nicht als Subjekt, sondern als immaterielles System. Denn nun ist das Bewegte nicht mehr die Materie – sei es die organische oder die technische – sondern die Bewegung der Welt ist das Denken selbst, das identisch ist mit dem bloßen Fluss der Zeichen, die sich von jeglichem inhaltlichen, empirischen Verweis oder moralischen Bezug gelöst haben. Mit dem universalen Sprachsystem als bloßem Zeichenverkehr hat sich der Mensch endgültig von der Materie befreit und wird somit als Teilhaber des Sprachsystem frei von der Endlichkeit der Materie.“[7]

4 Haraway, Donna: Die Neuerfindung der Natur, Frankfurt 1995, S. 34.

5 Leitner, Claudia; Laferl Christopher: Über Grenzen des natürlichen Lebens, Wien 2009, S. 9.

6 Küchenhoff, Joachim; Wiegerling, Klaus: Leib und Körper. 2008, S. 64.

7 Berr: Technik und Körper, S. 212.

Konsequenter Schluss aus dieser Beschreibung ist die Schöpfungsfähigkeit der Maschinen. Denn jeder, der Sprache produzieren kann, dazu zählen auch die Computer, wird zu einem erzeugenden Wesen, das Welt erzeugt.[8]
Impliziert durch die Bildung eines linearen Sprachsystems und einer überformenden Techno-Logik wird ein Mensch-Maschine-System. Dieses System ist universell und bestimmt unser Leben, z.B. in Form eines Weckers, Autos oder Computers.[9] Diese technischen Systeme greifen tief in unser Leben ein, oder mit Berr gesprochen, ihre Techno-Logik bestimmt unser Denken und Handeln. Dieser Prozess der Projektion geschieht größtenteils unbewusst und unterschwellig, die Erfindungen des Menschen formen ihn rückwirkend.
Mit dem universalen Sprachsystem wird die Immaterialisierung des Menschen möglich, d.h. der Mensch braucht letztendlich seinen Körper nicht mehr. Die Immaterialisierung des Menschen bringt jedoch keine neue Freiheit im menschlichen Sein, sondern führt zu einer anderen Art der Unterwerfung.[10]

Prozess der Vermenschlichung oder Ende der Menschheit?

Berr sieht den historischen Prozess der Verdrängung des Körpers im Lichte einer Vermenschlichung:

> „[In] der Antike [beginnt] der Prozeß der Menschwerdung als die Loslösung des Menschlichen vom Organischen, vom Körper“[11]

Doch suggeriert dieser Prozess nicht aus Kontroversen und Widersprüchen? Kann der Mensch sich von seinem organischen Körper befreien?
Es handelt sich hier um die Abschaffung des Körpers aus der Funktionslogik der Welt. Das Organische wird kompensiert durch das Unorganische, das Technische oder einfach durch Maschinen.[12] Letztlich verlagern sich alle Prozesse ins Immaterielle, womit die in der Antike eingeschlagene Richtung der Entkörperung an ihrem Ziel der Vermenschlichung angekommen wäre.
Wo bleibt dabei die Vermenschlichung? Der historischen Betrachtung Berrs folgend liegt sie einfach in der Entkörperlichung. Dadurch, dass der Mensch nicht mehr Körper ist, verschwindet auch die Belastung durch den selbigen. Doch ist diese vermeint-

---

8 Ebd.: S. 214.
9 Johannsen, Gunnar: Mensch-Maschine-Systeme, Berlin 1993, S. 1.
10 Berr: Technik und Körper, S. 9.
11 Ebd.: S. 152.
12 Ebd.: S. 11.

liche Vermenschlichung trügerisch, wie der Film Fight Club zeigen wird und Berr am Ende des letzten Kapitels vermittelt:

> „Wenn sich die Maschine des Menschen in einer Katastrophe, einer Abweichung [...], Gleichförmigkeit, Monotonie und Banalität als bloße Zerstörung offenbart – und nicht als die Erfüllung einer imaginierten Unendlichkeit?“[13]

Wann wird also die Maschine gefährlich für den Menschen?

Der Mensch ist ein körperlicher Analphabet

In „Die Sprache des Körpers“ von 1984 analysiert Berr die deutsche Gesellschaft und kommt zu dem Schluss, dass wir durch unsere Erziehung „körperliche Analphabeten“[14] geworden sind. Das hängt damit zusammen, dass die Menschen der deutschen Gesellschaft ihren Körper unterdrücken und sich stark auf kognitives, abstraktes Denken und Handeln ausrichten, die Menschen also unter einer technologischen Total-Vereinnahmung leiden.[15]
Einen Ausweg sieht Berr in ästhetischer Aktivität. Sie ist eine Verfechterin des Theaterspiels und bietet politische Bildungsseminare in Form von Theaterseminaren an. In ihrer theoretischen Analyse wendet sich Berr auch dem Begriff Identität zu. Durch die theatralische Aktivität verändert sich die Identität, denn der theaterspielende Mensch definiert sich durch das Theaterspielen wieder über seinen Körper, sein Selbst, und nicht nur über seinen Geist, sein Ich.[16]

Fight Club im Lichte der Techno-Logik

Der Film Fight Club enthält zwei wichtige Elemente: Zum einen die Kritik an der westlichen Konsumgesellschaft und zum anderen einen Ausweg aus der westlichen Konsumgesellschaft, verkörpert durch den Fight Club. Der Fight Club im Film ist eine Organisation, die von Jack (Edward Norton) gegründet wird, um einen Ausweg und eine Alternative zur Konsumgesellschaft zu finden. Jacks Persönlichkeit ist ge-

---

13 Ebd.: S. 214.

14 Berr: Die Sprache des Körpers, 1984, S. 10.

15 Berr: Die Sprache des Körpers, S. 7 und S. 11.

16 Ebd.: S 12.

spalten. Tyler (Brad Pitt) ist Jacks imaginiertes Idealbild: gutaussehend, locker und frei von lästigen Pflichten.

Was ist los mit Jack? Jack lebt in einer Konsumwelt, die sein ganzes Leben bestimmt. Er ist vollkommen abhängig von Konsum und definiert sich ausschließlich über seinen Besitz. Eines Tages kommt er von einer Geschäftsreise zurück und stellt fest, dass sein kompletter Besitz durch einen Brand zerstört worden ist. Kurz davor hat Jack Tyler kennengelernt, der ihn ab jetzt begleiten wird. Tyler hat die Idee und das Bedürfnis, von Jack geschlagen zu werden. Sie schlagen sich und stellen dabei fest, dass es ihnen ein gutes und in gewisser Weise verlorengegangenes Gefühl zurückgibt. Sie gründen den Fight Club. Es treffen sich nun regelmäßig und in steigender Anzahl Männer, um sich zu prügeln.

Letztendlich gerät der Fight Club etwas aus den Fugen und wird zu einer totalitaristischen Bewegung mit dem Titel „Projekt Chaos", die alles daran setzt, die bestehende kapitalistische Ordnung umzustürzen.

Der Fight Club als Parallelwelt

Mit Berr kann man die Welt, aus der Jack ausbricht, als Technikwelt beschreiben. Sie ist geprägt und bestimmt von und durch die Techno-Logik, die aus dem Unorganischen schöpft. Jack verkörpert den Menschen, der (fast) vollkommen zur Maschine wurde. „Ich war kurz davor mich vollständig zu fühlen"[17], meint Jack mit Bedauern, weil ihm noch nicht klar ist, dass der Verlust seines Besitzes auch seine Befreiung von der Konsumwelt bedeuten wird.

Die Konsumgesellschaft aus dem Film Fight Club ist die realisierte immaterialisierte Welt, die nichts Organischem oder Körperlichem mehr bedarf. Einzig und allein das Funktionieren in einer kapitalistischen, technisierten Welt zählt.

Genauso wie die Techno-Logik ist auch der Fight Club-Gedanke unterschwellig immer präsent. Jeder Mensch, der in einer Technikwelt lebt und auf dem Weg der Entkörperlichung ist, hat das Potential und den Wunsch, einem Fight Club, oder einer ähnlichen Organisation beizutreten, um zurück zur körperlichen und organischen Quelle seiner Selbst zu kommen.

> „Es stand jedem ins Gesicht geschrieben, Tyler und ich machten es nur sichtbar. Es lag jedem auf der Zunge, Tyler und ich gaben ihm bloß einen Namen."[18]

---

17 Fight Club (USA/Deutschland 1999, R: Fincher, David), min. 00:28.

18 Ebd.: min. 40:00.

Jack identifizierte sich vor dem Verlust seines Besitzes nur über das *Ich*, über seinen Geist. Es geht in Jacks altem Leben nur um einen funktionierenden Jack, der in seiner Automobilfirma einer langweiligen Aufgabe nachgehen soll. Er ist seinem eigenen Körper fremd und lernt sich erst wieder kennen, indem er in wilden Schlägereien mit anderen Männern erfährt, was für ihn eine Rückbesinnung auf seine Körperlichkeit bedeutet.

Wie Berr mit Theaterseminaren in die Definition der Identität des Menschen das *Selbst*, also den Körper, mit einbeziehen will, funktioniert auch der Fight Club. Durch Schlägereien bekommen die Mitglieder des Fight Club zu spüren, was sie eigentlich ausmachen sollte: der Körper. Diese Parallele zeigt sich in folgendem Zitat:

> „Beim Theaterspielen [...] wird ... eine Welt betreten, die außerhalb der gesellschaftlichen Realität liegt. Es ist, als ob man hinter einen Spiegel tritt. Die Welt kann auf den Kopf gestellt werden, es gelten die eigenen Regeln. Im Theaterspielen wird das Sein überschritten, es hat für eine Weile keine Geltung mehr. So wird die zur Reflexion, zur Veränderung notwendige Distanz zum Alltag hergestellt“[19]

Diese Zeilen könnten auch zu einer Charakterisierung des Fight Club genutzt werden, denn „der Fight Club existierte nur während der Öffnungszeiten des Fight Club. Im Fight Club war man jemand anders als in der übrigen Welt“.[20]

Der Nullpunkt – Freiheit im Organischen

Der Fight Club stellt also eine Parallelwelt zur Konsumgesellschaft dar, in dem (im Film nur Männer) Menschen körperlich und damit auch geistig, näher an den Nullpunkt kommen sollen. Der „Nullpunkt“[21] stellt im Film Fight Club einen Lebenszustand dar, der das Gegenteil einer Konsumgesellschaft ist, ein rein körperlicher, bzw. organischer Zustand. Der Fight Club soll Jack von allem lösen und ihn somit zu seinem persönlichen Nullpunkt bringen. Tyler hilft ihm dabei und gibt ihm eine Definition von Freiheit: „Erst nachdem wir alles verloren haben, haben wir die Freiheit alles zu tun“[22].

Das ist der Ausweg aus der von Berr beschriebenen Techno-Logik, die uns seit der Antike formt. Der Mensch im Fight Club besinnt sich auf seinen organischen Teil, er praktiziert organisches Denken und Handeln, indem er einfach nur auf die gegenü-

19 Berr: Technik und Körper, S. 11.
20 Fight Club, min. 42:00.
21 Fight Club, min. 61:00.
22 Ebd.

berstehende Person einschlägt und nicht versucht, durch die angelernte lineare Symbolschrift den Konflikt zu lösen. Damit bekommt er ein ganz neues Körpergefühl, das dem Mensch mit seiner Entkörperlichung seit der Antike abhanden gekommen ist.

> „Nach einem Kampf ist alles andere im Leben leiser gedreht“[23]

Das macht den Reiz eines Kampfes aus. Jeder Kampf ist eine Annäherung an den Nullpunkt, an das, mit Berrs Worten, „Organische“ oder „Körperliche“[24]. Und es schlägt sich bei Jack im Alltag nieder, er nähert sich gewissermaßen Tyler, seinem Wunschbild, an.

Die Logik der Technik überformt den Menschen

Durch die fortschreitende Technisierung seit der Antike haben die Menschen einen Teil der Technik internalisiert, die sogenannte Techno-Logik (Berr). Mit jeder neuen technischen Erfindung schritt und schreitet dieser Prozess voran. Bei Fight Club wird deutlich, wie Jack sich aus der Techno-Logik zu befreien versucht, indem er sich seinem Nullpunkt annähern will.

---

23 Ebd.: min. 37:00.

24 Berr: Technik und Körper, S. 162.

Quellenverzeichnis

Berr, Marie-Anne : Die Sprache des Körpers. Wider den Vandalismus des Rationalen: eine Pädagogik der Entgrenzung. Frankfurt am Main 1984, Extrabuch.

Berr, Marie-Anne: Technik und Körper. Berlin 1990.

Berr, Marie-Anne: Die Kadenz der Schöpfung: Gott - Mensch - Maschine, in: Kamper, Dietmar; Wulf, Christoph (Hg.): Anthropologie nach dem Tode des Menschen. Vervollkommnung und Unverbesserlichkeit. Frankfurt am Main 1994, S. 203–215.

Fight Club (USA/Deutschland 1999, R: Fincher, David).

Haraway, Donna: Die Neuerfindung der Natur. Primaten, Cyborgs und Frauen. Frankfurt am Main 1995.

Johannsen, Gunnar: Mensch-Maschine-Systeme. Berlin1993.

Küchenhoff, Joachim; Wiegerling, Klaus: Leib und Körper. Göttingen 2008.

Leitner, Claudia; Laferl, Christopher F.: Über die Grenzen des natürlichen Lebens. Inszenierungsformen des Mensch-Tier-Maschine-Verhältnisses in der Iberoromania. Wien 2009.

BBQ_Art 4

Madlen Götz

Der Unternehmer Tyler Durden

„Ich sage fühl dich nie vollständig!
Ich sage Schluss mit der Perfektion!
Ich sage entwickeln wir uns!“[1]

Der alltägliche Zwang sich als „Ware“ anzubieten, scheint in Zeiten der Moderne unumgänglich zu sein. Angestrebt wird eine Attraktivität, durch die sich ein Individuum erst etablieren kann.[2] Durch die Vorstellung frei entscheiden zu können, entsteht eine Eigenverantwortung, die durch andere zugetragen beziehungsweise wahrgenommen wird. Dieses „verantwortliche“ Subjekt ist ein Konstrukt der Gesellschaft und wirkt damit auch immer auf andere.[3] Nehmen wir die Forderung, die der Neoliberalismus an das Subjekt stellt, sich nämlich wie ein Unternehmer am Markt zu behaupten (Ulrich Bröckling) und übertragen sie auf den Film „Fight Club“. Dann sehen wir wie Tyler Durden, einer der Protagonisten, seine Ziele analog zu wirtschaftlichen Zielen verfolgt und wir lernen Tyler Durden von einer anderen Seite kennen, nämlich als pfiffigen Marketingstrategen.

Tyler Durden – das unternehmerische Selbst

Was ist ein unternehmerisches Selbst? „Es handelt sich um [...] ein höchst wirkmächtiges Als-ob, das einen Prozess kontinuierlicher Modifikation und Selbstmodifikation

---

1 Fight Club (USA/Deutschland 1999, R: Fincher, David), min 29:22.

2 Siehe etwa: „Spiegel“: http://www.spiegel.de/spiegel/print/d-75936296.html (Stand 16.06.2011).

3 Berger, Peter/Luckmann, Thomas: Die gesellschaftliche Konstruktion der Wirklichkeit. Eine Theorie der Wissenssoziologie. Fischer, Frankfurt 1969.

in Gang setzt und in Gang hält, bewegt von dem Wunsch, kommunikativ und anschlussfähig zu bleiben, und getrieben von der Angst ohne diese Anpassungsleistung aus der sich über Machtmechanismen assoziierenden gesellschaftlichen Ordnungen herauszufallen."[4] Dies beschreibt den Charakter Tyler Durdens treffsicher, denn er verhilft seinem „realen Ich" durch seine Motivation zu vielem, wozu dieses alleine nicht im Stande ist: sexuelle Befriedigung, materielles Sättigungsgefühl, Emanzipierung am Arbeitsplatz und Erschaffung eines Imperiums.

Doch Tyler Durdens Strategien verfolgen im Film ein bestimmtes Ziel: den Konsumwahn zu stoppen und sämtliche Kreditfirmen in die Luft zu sprengen, so dass alle Schulden gelöscht werden und ein finanzieller Neustart in Gang gesetzt wird. Menschen werden durch ihr unternehmerisches Selbst angetrieben. Diese Motivation verfolgt ein Ziel: Erfolg. Dadurch, dass der Einzelne Teil einer Masse aus Individuen ist, entstehen Konkurrenzsituationen, ein Sog, dem man durch gesellschaftliche Zwänge kaum entkommt.

Dabei reicht es lange nicht aus, sich seiner Umgebung, sei es privat oder bei der Arbeit anzupassen und mit dem Strom zu schwimmen. Man muss selbst kreativ werden, schöpferisch und unternehmerisch handeln, so dass man sich abhebt von anderen und durch ein Höchstmaß an Effizienz auszeichnet. Tyler Durden verhilft der Hauptfigur aus ihrem spießigen Lebensstil, aus dem Zwang sich ständig anzupassen,[5] er verhilft ihm beruflich voranzukommen und von der Konsumgesellschaft zu befreien:

> „Du bist nicht dein Job! Du bist nicht das Geld auf deinem Konto! Nicht das Auto, das du fährst! Nicht der Inhalt deiner Brieftasche!
> Und nicht deine blöde Cargo-Hose! Du bist der singende, tanzende Abschaum der Welt."[6]

Er zeigt ihm, dass die gesellschaftliche Anerkennung sich nicht auf ihn, sondern auf den Besitz und den Reichtum bezieht. Nur wer sich selbst als Unternehmer verhält, gewinnt nicht alleine Anerkennung, sondern auch Befriedigung.

---

4 Bröckling, Ulrich: Das unternehmerische Selbst. Soziologie einer Subjektivierungsform, Frankfurt a. Main 2007, S. 46.

5 Wuketits, Franz: Aufklärung und Kritik. Evolution und Fortschritt – Mythen, Illusionen, gefährliche Hoffnugen. Wien 1995, S.40.

6 Fight Club, min 58:10.

Intrapreneuring

Mitarbeiter eines Unternehmens sollen so arbeiten, als ob sie selbst der Unternehmer wären. Dies bedeutet, dass betriebliche Hierarchien abgebaut werden. Die Kreativität der Mitarbeiter soll gefördert und umgesetzt werden. Jeder wird in seinen Stärken gefördert und motiviert. Gibt man den Mitarbeitern das Gefühl, die nötigen Kompetenzen zu besitzen und ihre Notwendigkeit im Betrieb zu erfüllen, entsteht Elan und Motivation, die Qualität und Wirtschaftlichkeit garantieren. Gleichfalls soll aber die Selbstständigkeit des Managers von den Mitarbeitern kontrolliert und nicht unbeschränkt sein. Nur so ist ein Hierarchieabbau möglich. Das Ziel ist nicht Ruhm und Reichtum eines Einzelnen, sondern der wirtschaftliche Erfolg des Gesamten.

Intrapreneurship zeigt sich auch im Film Fight Club. Mitglieder werden rekrutiert, die miteinander kämpfen. Für alle gelten dieselben Regeln, jeder hat die gleichen Rechte. Es entsteht eine Gemeinschaft, die weltweit Anerkennung findet. Die Mitglieder sind aber nicht nur Teilnehmer, sondern werden zu Unternehmern im eigenen Sinne, da sie im Fight Club eine soziale Bestätigung finden. „ ...die Selbstverwaltung des individuellen Humankapitals [greift] auch weit über das Berufsleben hinaus und kennt weder Feierabend noch Privatsphäre.“[7] Deswegen sind auch die Rekrutierten bereit, bei Tyler Durden zu wohnen. Dort arbeiten sie auch und produzieren im Keller hohe Mengen an Nitroglycerin. Es entsteht ein Zusammenhalt, der sie befähigt große Ziele zu verfolgen, die von der Störung der öffentliche Ordnung bis hin zu Terroranschlägen auf das Finanzwesen, dem „Projekt Chaos“, reichen. Dabei ist Tyler Durden Partner aller Teilnehmer.

Als der Protagonist versucht, den Plan aufzuhalten und sämtliche Akteure überzeugen möchte, die Angriffe zu stoppen, hat seine zweite Identität bereits mehrere Vorkehrungen getroffen, einen Abbruch zu vermeiden. Der Hauptdarsteller ist zwar für die anderen der Urheber, kann aber das Projekt Chaos nicht aufhalten. Hierbei steht nicht sein persönlicher Erfolg, sondern das gemeinsame Ziel (Terroranschläge) im Vordergrund.

Unternehmerfunktionen

Der Mensch neigt ständig dazu, seinen Zustand zu verbessern. Unzufriedenheit oder auch nur die Annahme einer Möglichkeit zur Verbesserung der Situation regen den Menschen zum Handeln an. Da sich die Gesellschaft um einen herum ständig ent-

---

7 Bröckling: Selbst, S. 67.

wickelt, ist das Individuum gezwungen, dieser Strömung zu folgen und sich durch Unternehmungen von anderen durch Innovation abzuheben. „Gleich sind die Menschen nur im Zwang, sich voneinander zu unterscheiden.“[8] Die Art zu handeln lässt sich in vier Unternehmerfunktionen[9] charakterisieren. Hierbei stehen aber nicht die verfolgten Ziele im Vordergrund, sondern die Durchsetzungsform des Unternehmers.

1. Der Unternehmer als Innovator

Im Film Fight Club kennt der Protagonist Marla Singer aus den Selbsthilfegruppen, nennt sie eine „Elendstouristin“[10], denn sie besucht wie er die Gruppen, ohne die jeweilige Krankheit zu erleiden. Da er sich durch ihre Anwesenheit irritiert fühlt, werden die Selbsthilfegruppen terminlich aufgeteilt. Tyler Durden beginnt mit ihr eine leidenschaftliche, sexuelle Beziehung. Er agiert als Innovator, denn er greift dieses Verhältnis auf, verführt sie und bringt sie dazu, sich in ihn zu verlieben.
Der Innovator ist jemand, der etwas Gegebenes oder bereits Erfundenes zu etwas Neuem gestaltet oder durch verwendbare Möglichkeiten verändert. Die Funktion des Unternehmers ist „die Produktionsstruktur zu reformieren oder zu revolutionieren“[11]. Es geht darum, Produktionswege oder Pläne zu konstruieren und durchzusetzen.

2. Der Unternehmer als Träger von Risiken

Hier gilt es zwei Begriffe zu unterscheiden. Auf der einen Seite steht das „Risiko“[12]. Dies ist eine Ungewissheit, die aber abschätzbar ist. Eine Prävention ist möglich. Im Fight Club geht Tyler Durden nur ein Risiko ein: der mögliche Verrat des Projekt Chaos. Dem hält er aber entgegen, indem er einige Vorkehrungen trifft. Eine dieser Maßnahme ist, dass Tyler Durden jedem Mitglied des Projekt Chaos zu verstehen gibt, dass das Projekt unter keinen Umständen aufgehalten werden kann, nicht einmal von ihm selbst. So gelingt es dem Protagonisten am Ende nicht, die Anschläge aufzuhalten. Sogar einige Polizisten arbeiten auf der Seite des Fight Club.
Der zweite Begriff ist die „reine Ungewissheit“[13]. Im Gegensatz zum Risiko ist sie nicht abschätzbar und es besteht keinerlei Möglichkeit zur Prävention. So werden im Film verschiedene Aufträge erteilt, mit denen die öffentliche Ordnung gestört werden

---

8 Ebd.: S. 68.
9 Ebd.: S. 67.
10 Fight Club, min. 14:00.
11 Bröckling: Selbst, S. 115
12 Ebd.: S. 117
13 Ebd.: S. 117

soll. So zum Beispiel die „Operation Kaffeesturm“[14], bei der ein Kunstwerk und eine Kaffeekettenfiliale verwüstet werden. Dabei wird Bob, ein Mitglied des Fight Clubs, von der Polizei mit einer Kugel getroffen und stirbt. Ein Unternehmer ist also „ein Spezialist für die Übernahme von Risiken und das Handeln unter Ungewissheit.“[15] Unternehmensgewinn erzielt man also nur, wenn man unbekannte Handlungsverläufe spekulativ abwägt und dabei auch Risiken eingeht.
Dieser Unternehmertyp trifft wohl am besten auf Tyler Durden zu. Sein organisatorisches Talent und das Vertrauen seiner Anhänger befähigen ihn dazu, kalkulierbare Risiken einzugehen. Schließlich treffen ihn bei Misslingen auch keine Sanktionen, da er nicht die ausführende Gewalt ist, sondern nur plant. Emotional ist er auch nicht an seine Männer gebunden. Deswegen verhilft ihm diese Unternehmerfunktion zu Erfolg.

3. *Der Unternehmer als Koordinator*

Der Unternehmer als Koordinator teilt Aufgaben zu. Hier geht es um gesellschaftliche Arbeitsteilung. Der Unternehmer ist nur derjenige, der die Verantwortung trägt. Deswegen unterliegt er dem Zwang, ständig Verbesserungen vorzunehmen und somit Gewinnchancen zu erhöhen. „Ein Unternehmer ist derjenige, der sich darauf spezialisiert, Entscheidungen über die Koordination knapper Ressourcen zu treffen.“[16] Tyler Durden entwickelt die Ideen, übernimmt die Rekrutierung, plant die Aktionen, führt die Produktion durch und übernimmt die Organisation. Er verwaltet die Macht über den Protagonisten, seine Mannschaft und die Öffentlichkeit. Soweit könnte man ihn als Koordinator bezeichnen, jedoch fehlt ihm das entscheidende Detail dazu. Er kann die Verantwortung für das Projekt nicht übernehmen, da er nicht real, sondern nur imaginär existiert. Er kann sich der Verantwortung entziehen.

4. *Der Unternehmer als Nutzer von Gewinnchancen*

Der Unternehmer als Nutzer von Gewinnchancen setzt eine nicht zu erlernende Eigenschaft voraus: „Findigkeit“[17]. Dieses Talent befähigt den Unternehmer in einer Situation eine erfolgversprechende Entdeckung zu machen, die ihm ohne größeren Aufwand hilft, fortan effizienter zu handeln. Dabei ist zu beachten, dass diese Entde-

---

14 Fight Club, min. 101:00
15 Bröckling: Selbst, S. 118
16 Ebd.: S.120.
17 Ebd.: S.114.

ckung weder geplant noch vorhergesehen ist. Findigkeit ist die Fähigkeit, gegebene Potentiale aufzuspüren und dann zum eigenen Vorteil zu nutzen. Wer diese Begabung besitzt und sich darauf beruft, verfolgt ein Ziel: seine Sachlage durch Gewinn und Fortschritt zu verbessern. Tyler Durdens Findigkeit verhalf ihm zu der Idee aus Abfallfett von chirurgischen Kliniken hochwertige Seifen herzustellen und zu vertreiben. Als Nebeneffekt entsteht das für das „Projekt Chaos“ benötigte Nitroglycerin. Die Seifenfabrik ist in mehrfacher Hinsicht gewinnbringend. Zum einen zur Sprengstoffproduktion und auf der anderen Seite als Tarnung eines Untergrundunternehmens. Des Weiteren ist der Verkauf der Seife an Boutiquen eine Art Rache an dem Schönheitswahn und dem optischen Perfektionismus, dem diese Kunden nachahmen, da es sich um menschliches Fett gewonnen aus Schönheitsoperationen handelt. Alle Unternehmerfunktionen überschneiden sich in einer gewissen Weise und sind nur ein theoretisches Modell zur Erklärung von Erfolg.

Projekt Chaos

Tyler Durden plant eine große Offensive: das Projekt Chaos. Ziel ist es, „die Hauptsitze besagter Kreditkartenfirmen in die Luft zu jagen, die zentrale Schuldenerfassungsstelle.“[18] Um diesen Plan umzusetzen, ist ein gutes Projektmanagement nötig. Dazu braucht er eine Armee, die ihm hilft, die Pläne zu realisieren. Diese Menschen müssen aber so überzeugt werden, dass sie nichts davon an die Öffentlichkeit kommen lassen.

Der zeitliche Ablauf muss geplant sein, ebenso die Produktion des Nitroglycerins. Diese einzelnen Schritte eines großen Projekts, wie zum Beispiel die Rekrutierung, die Produktion des Nitroglycerins können als kleinere einzelne Projekte angesehen werden.

Ein Projekt ist immer zeitlich begrenzt. Das kann nur eine sehr kurze Zeitspanne betreffen oder sich über mehrere Jahre hinziehen. Des Weiteren sind alle anderen Ressourcen, wie zum Beispiel Arbeit, einzuteilen und zu verwalten[19].

5. *Das (Self-)Empowerment des Tyler Durden*

„Ich sehe im Fight Club die stärksten und cleversten Männer, die es jemals gab. Ich sehe so viel Potenzial, das vergeudet wird....Durch die Werbung sind wir heiß auf

18 Fight Club, min. 116:00.

19 Litke, Hans-D./Kunow, Ilonka: Projektmanagement. Planegg 2004.

Klamotten und Autos, machen Jobs, die wir hassen, kaufen dann Scheiße, die wir nicht brauchen. Wir sind die zweitgeborenen in der Geschichte, Leute – Männer ohne Zweck, ohne Ziel. Wir haben keinen großen Krieg, keine große Depression. Unser großer Krieg ist ein Spiritueller, unsere große Depression ist unser Leben."[20]
Diese Rede hält Tyler Durden vor dem versammelten Fight Club und trifft damit genau den Nerv aller Teilnehmer. Nicht durch Krankheit ausgelöster Schmerz als eine Art Therapie für Männer, die in der heutigen Gesellschaft keine Ziele haben. Der Fight Club ist eine „Selbsthilfegruppe für die Männlichkeit" und führt zum Zusammenschluss unterschiedlichster Männer. Plötzliche Krankheit und damit körperliche Leiden ist zu Zeiten des Neoliberalismus eine der wenigen kosmischen Schicksale, deren Vorhersehung nicht möglich ist. Der Kampf gibt den Männern die Möglichkeit, die Macht einer Krankheit auszuüben, also Verletzungen und Schmerz zuzufügen.

Dabei geht es nicht, wie bei anderen Selbsthilfegruppen, um den Informations- und Erfahrungsaustausch, sondern um den kollektiven Aggressionsabbau. Eine Wut, die sich durch gesellschaftlichen Druck aufgebaut hat. Tyler Durden gibt ihnen die Möglichkeit, durch Muskelkraft und Ausdauer für die Zeit des Kampfes Macht und Anerkennung zu erhalten.

Tyler Durden muss sich seines Selbstvertrauens ständig vergewissern, deswegen kämpft er selbst mit, so dass er aktiv, selbstständig und unabhängig agieren kann. Letztlich ist das Individuum verantwortlich für seine Selbstbestimmung, jedoch können andere durch Empowerment die Situation erleichtern.

Gleichzeitig aber wirkt Tyler Durden auch als versierter Personal Coach und entwirft für den Protagonisten (also letztlich irgendwie auch für sich selbst) eine imaginäre, aber implizite Marketingstrategie und erweitert so dessen Möglichkeiten. Er verhilft ihm zu einem Arbeitsplatz als freier Mitarbeiter, ermöglicht ihm eine sexuelle Beziehung und schafft mit ihm zusammen ein Imperium, das die Finanzwirtschaft auf einen Nullpunkt bringen soll und – und das ist die besondere Leistung von Tyler Durden – er hilft dem Erzähler zu sich selbst zu finden. Mehr kann ein erfolgreiches Marketing gar nicht leisten. Und so kann man letztlich lapidar konstatieren: Tyler Durden war erfolgreich!

[20] Fight Club, min. 67:00.

Quellenangabe:

Berger, Peter/Luckmann, Thomas: Die gesellschaftliche Konstruktion der Wirklichkeit. Eine Theorie der Wissenssoziologie. Frankfurt 1969.

Bröckling, Ulrich: Das unternehmerische Selbst. Soziologie einer Subjektivierungsform. Frankfurt a. Main 2007.

Fight Club (USA/Deutschland 1999, R: Fincher, David).

Litke, Hans-D./Kunow, Ilonka: Projektmanagement. Planegg 2004.

Spiegel: http://www.spiegel.de/spiegel/print/d-75936296.html (Stand 16.06.2011).

Wuketits, Franz: Aufklärung und Kritik. Evolution und Fortschritt – Mythen, Illusionen, gefährliche Hoffnungen. Wien 1995.

BBQ_Art 5

Nihat Özkaya

„Seife“

David Finchers Film “Fight Club” wurde Millionen Zuschauern mit einer Seife präsentiert, die auf dem originalen Filmplakat abgebildet war. Die fiktive Gestalt Tyler Durden aus dem gleichnamigen Roman von Chuck Palahniuk stellt in diesem spektakulären Werk nicht nur Seifen her, um sie zu verkaufen, sondern er kann aus der Seifenproduktion den nötigen Sprengstoff erzeugen, mit dem er Anschläge gegen die bestehende Ordnung durchführt. Auf die Frage, was seinen Erfolg als Seifenhändler ausmacht, ob die Seife eine beliebte Geschenkidee darstelle, hätte Tyler Durden möglicherweise die folgende Antwort gegeben:

> „Wenn Du denkst, dass die Seife eine langweilige Geschenkidee ist, dann verrätst Du mir dadurch nicht etwas über die Seife, sondern vielmehr über Dich selbst. Vielleicht hast du noch nie eine Seife einem Geschlecht Deiner Wahl geschenkt und wurdest deshalb von diesem abgewiesen. Ich gebe zu, dass das ein äußerst seltener Fall wäre. Wäre dies aber der Fall, dann könntest Du die Seife für die Zertrampelung Deiner Herzensblumen verantwortlich machen. Sie nämlich allein führte zur Zerstörung Deiner Liebesträume. Damit wäre die Seife jedoch keineswegs eine langweilige, sondern eher eine höchst destruktive Geschenkidee. Wenn Du eine Kämpfernatur bist und Du bist weiterhin überzeugt von der Seife als eine ausgezeichnete Geschenkidee, mit der man das Herz des begehrten Geschlechts erobern kann, dann heißt das für Dich, dass Deine Träume noch nicht zerstört sind. So kannst Du einen weiteren Versuch mit diesem höchst magischen Produkt starten und das positive Resultat Deiner Bemühungen erhoffen. Oder Du sagst Dir, „nein! die Seife als Geschenkidee hat mich schwer enttäuscht“ und weil Du zugleich ein unverbesserlicher Optimist bist, fügst Du dem noch hinzu: „Jede Enttäuschung hat aber etwas Wahres in sich, nämlich das Ende der Täuschung zu sein.“ Oder Du bist nicht nur ein unverbesserlicher Optimist, sondern geradezu ein besessen analytischer Optimist dazu. Du stellst nämlich fest, dass im Grunde nicht Du die Erwartungen des geliebten Geschlechts erfüllen konntest, sondern umgekehrt Dein Geliebtes nicht Deine Erwartungen. Denn es war in

> keiner Weise ein aktiver Teilnehmer Deiner Interaktion. Seine Passivität äußerte sich ja gerade in seiner Unfähigkeit, zwischen Sinn und Bedeutung einer Handlung zu unterscheiden. Hinter der Bedeutung der Seife als Objekt der Schenkung nur die Gabe eines Gemischs von Fett und Lauge zum Zwecke u. a. der Säuberung zu sehen und sich nicht den Sinn dahinter erschließen zu wollen oder zu können, spricht ja für dessen armen Geist und schwachen Begriff von der Sache."

Mit der Unterscheidung von Sinn und Bedeutung einer Sache könnte Tyler Durden Recht haben.[1] Ein kleiner Exkurs mit dem historischen Vergleich der Sphären von Bedeutungsreproduktion und Sinnproduktion anhand dieses speziellen Guts Seife soll uns im Folgenden darüber befriedigende Antworten geben.

Es sind die Sumerer, die nach den geschichtlichen Überlieferungen als erste die Seife hergestellt haben. Nach dem Rezept, das sie vor circa 4.500 Jahren in ihrer Keilschrift festhielten, mischten sie Pottasche mit Öl im Verhältnis von 5 zu 1. Im siebten Jahrhundert entwickelten die Araber die Seife durch gebrannten Kalk und durch Erhitzen der Bestandteile zu der heute bekannten festen Form. Sehr lange passierte nichts Nennenswertes, bis es im Jahre 1790 Nikolas Leblanc gelang, Soda künstlich herzustellen. 1865 verbesserte Ernest Solvay das Verfahren von Leblanc, wodurch größere Mengen günstiger produzierbar wurden. Durch künstliche Herstellung von Natriumcarbonat und Natriumhydroxid konnte somit die Seife industriell massenhaft produziert werden.

Die Seife wurde nach ihrer geschichtlichen Geburt zunächst gar nicht als Reinigungsmittel gebraucht, sondern sie wurde von Sumerern, Ägyptern, Griechen und Römern als Heilmittel genommen. Später wurde sie von Galliern, Germanen und auch den Römern als Kosmetikum (Pomade, Haarbleichmittel) benutzt. Erst ab dem 2. Jahrhundert nach Christus verwendeten die Römer die Seife als Reinigungsmittel. Im Mittelalter entstanden vor allem in Spanien, Frankreich und Italien Seifensiederzentren, die von Seifensiederzünften betrieben wurden. Hier produzierte man auch parfümierte Luxusseifen vor allem für den Adel. Die Entstehung und Ausweitung von Badehäusern fand aus Angst vor Seuchen wie Syphilis, Pest und Cholera wieder einen Abbruch. So wurde danach Trockenwäsche ohne Wasser und Seife im 16. und 17. Jahrhundert schick. Ludwig XIV. veranlasste im Jahre 1688 das Reinheitsgebot für die Seife. Im 18. Jahrhundert wurden Seife und Wasser zur Körperreinigung wieder entdeckt. Im 19. Jahrhundert stieg nicht nur der Bedarf durch höheres Hygienebewusstsein, sondern auch die Produktion durch die Industrialisierung. Zugleich fand aber auch die Eigenproduktion der Seife im Haushalt statt. Schließlich wurden im

---

1 Frege, Gottlob: Über Sinn und Bedeutung. In: Zeitschrift für Philosophie und philosophische Kritik, NF 100, 1892, S. 25-50, hier S. 29 ff.

20. Jahrhundert weitere künstliche Tenside entwickelt. Es entwickelte sich aber zugleich eine fast hysterische Beziehung zur ständigen Körperreinigung bis heute, die sich nicht nur an der Vielzahl der Produkte, sondern auch am Badezimmer zeigt: Die Größe des Bades verdreifachte sich allein zwischen 1994 und 2004 in den USA, wo ein Viertel der Häuser mehr als drei Badezimmer haben.[2]

Der Unterschied zwischen der homogenen Produktionsgeschichte und der heterogenen Verwendungsgeschichte der Seife sollte gezeigt haben, wie neben der Entstehung und Entwicklung der Seifenproduktion, die sich wesentlich auf eine objektivierbare Tatsache, nämlich auf ihre Bestandteile als Öl/Fett und Lauge(Asche) reduzieren lässt, eine vielfältige Konsumtionsgeschichte einhergeht. Das heißt, die Kulturgeschichte der Seife konnte uns vor Augen führen, dass die reine Bedeutungsebene einer Sache für Homogenität und die Sinngebungsebene der Sache für Heterogenität verantwortlich ist. Und sie konnte uns zugleich verständlich machen, dass nichts Natürliches als solches Bestand haben kann, sofern es von menschlichem Auge beäugt und von menschlicher Hand gehandhabt wird. Wie sehr es sich auch aus Naturstoffen zusammensetzt, es bleibt wesentlich ein humanisiertes, kulturelles, geschichtliches Gut. „Die erste Seife ist aus der Asche von Helden gewesen“ [3] berichtet Tyler Durden. Nach seiner Schilderung haben die Menschen vor Urzeiten gemerkt, dass ihre Sachen an einer ganz bestimmten Stelle im Fluss sauberer wurden. Man hatte auf den Hügeln am Ufer des Flusses Menschen geopfert. Sie wurden verbrannt. Wenn Wasser durch die Asche und das Holz sickert, entsteht so die Lauge. Sie hat sich mit dem geschmolzenen Fett der Leichen vermischt und eine seifige Absonderung wurde in den Fluss gespült.[4]

Nicht einmal der menschliche Körper ist etwas Natürliches. Denn mit dem Ausdruck Natur verbinden wir etwas Immerwährendes, über Zeit und Raum in sich Unveränderliches, mit einem die ewige Substanz![5] Unser Verhältnis zu unseren Körpern ist jedoch geschichtlich, also je nach kulturellen, ökonomischen, politischen Zuständen immer anders. Körper, der eine bestimmte Frisur trägt, die gefällt, weil modisch oder nicht modisch; Körper, der massenhaft als Verwertungsmittel des Kapitals fungiert, ganz abgesehen von konkreter Prostitution; Körper, der sich zu einer politischen Waffe macht, weil er in Gefangenschaft das Essen verweigert oder sich unter versammelter Menge in die Luft sprengt. Ist unser Körper also nicht vielmehr eine bestimmte

2 Ashenburg, Katherine: Clean. An Unsanitised History of Washing. Profile Books, London 2008.

3 Fight Club (USA/Deutschland 1999, R: Fincher, David), min. 60:04.

4 Ebd.: min. 59:18.

5 Spinoza, Baruch de: Ethik in geometrischer Ordnung dargestellt. Hamburg 2007, E I, Lehrsatz 8.

Auffassung von Körper? Liegt denn nicht die wesentliche Erkenntnis allein in diesem einen Wort *Auffassung*? Wenn das Natürliche der Inbegriff eines statischen Seins ist, die *Auffassung* von etwas jedoch immer Veränderung impliziert, weil sie selbst ein Resultierendes, ein Gewordenes und ein Werdendes ist, dann kann man sich ruhigen Herzens eingestehen, dass unser Verhältnis zu allem ein geschichtliches ist, weil dieses Verhältnis nur von Auffassungen getragen wird. Die Auffassung, unser wesentliches Verhältnis zur Welt, ist nichts als sich verändernde Wahrnehmung und Beurteilung von der Welt. Weil sich von der objektivierbaren Bedeutung einer Sache auch eine subjektive Sinnverleihung nicht ausschließen lässt, was wiederum die Generierung von Auffassungen ermöglicht, werden wir wohl deshalb immer nur geschichtliche und keineswegs natürliche Wesen bleiben. Wenn Sie so wollen, ist es unsere Natur, geschichtlich zu sein.

Tyler Durden bezeichnet den Menschen in seinem momentanen geschichtlichen Dasein als „Abschaum" der Gesellschaft. Es handelt sich um eine Gesellschaft, die selbst verkehrt aufgebaut ist. Sie ist nicht vernünftig, weil sie der Maxime der Vernunft widerstrebt, indem sie sich dem Zweck widersetzt, mit minimalem Aufwand ihrer Mitglieder optimale Versorgung für alle zu realisieren. Sie kann diese Maxime nicht verwirklichen, weil sie eine Klassengesellschaft ist. Ihr Zweck besteht wesentlich darin, durch maximalen Aufwand von vielen für die optimale Versorgung von wenigen zu sorgen. Laut Marx organisiert der Staat als Gewaltmonopol ein solches geteiltes Gemeinwesen, in dem die vielen den Surplus produzieren, während sich die wenigen diesen Mehrwert rechtlich, d.h. gewaltgestützt, aneignen. Die Grundlage dieser Wirtschaftsform ist die per staatliche Gewalt garantierte Eigentumsordnung, in der die wenigen Eigentümer der Produktionsmittel (Grund und Boden, Maschinen, Betriebe, Fabriken – Kapital) den vielen Eigentumslosen erpresserische Angebote für ihre Arbeitskraft machen. Der Inhalt des Angebots ist, dass sie mehr Wert produzieren müssen als das, was sie in Form des Lohnes zurück erhalten. Unter den Bedingungen seiner abhängigen Beschäftigung erfährt das Individuum mehrfache Entfremdung. Einerseits kann es nicht selbst bestimmen, was, wie, wieviel produziert wird, andererseits ist es nicht der Zweck, sondern das Mittel der Produktion. Es erfährt sich als ein fremdbestimmtes Ding.[6]

Mit seiner Gewalt vereitelt der Staat nicht den Kampf aller gegen alle wie bei Hobbes angenommen, sondern er generiert erst diesen Kampf, indem er das Gemeinwesen durch seine Eigentumsordnung in Interessengegensätze teilt. Es handelt sich dabei

6 Marx, Karl: Ökonomisch-philosophische Manuskripte -1844. In: MEW, Bd. 40, Berlin 1963, S. 510 ff.

nicht einfach nur um mögliche Interessenunterschiede der Individuen. Aus verschiedenen Interessen der Menschen entstehen nicht zwingend Konflikte. Die Konflikte entstehen erst dann, wenn die Interessen einen Gegensatz bilden. Das Individuum ist aber in der Klassengesellschaft einem dauerhaften Konflikt unterworfen, weil seine Interessen immer einen Gegensatz zu den Interessen von anderen bedingen. Um sein eigenes Interesse zu realisieren, muss es notwendig die Interessen der anderen bekämpfen, von denen sein Interesse bekämpft und beschränkt wird. Dieses auf Animosität beruhende Verhältnis bezieht sich nicht nur auf Arbeit und Kapital im Allgemeinen, sondern als eine Konsequenz davon auch auf den Interessen-Gegensatz von Mieter-Vermieter, Käufer-Verkäufer, Schuldner-Gläubiger usw. Willkommen im Fight Club!

In dieser Eigentumsordnung ist der wahre Zweck der Gesellschaft nicht, die Frage zu lösen, wie man eine Gesellschaft organisiert, in der jeder Mensch sich selbst als Zweck setzen kann, ohne als Mittel für fremde Zwecke genommen zu werden, sondern wie die einen die anderen als Mittel für ihre Zwecke effektiver gebrauchen, d.h., wie sie ihr Eigentum durch die Arbeit der abhängig Beschäftigten besser vermehren können. Diesem tatsächlich ausgelebten Zweck des unaufhörlichen Wachstums der Wirtschaft werden die Individuen durch eine radikale Gleichschaltung unterworfen. Niemand kann sich diesem reellen Zweck der Gesellschaft entziehen. Mit diesem Zweck geht aber auch der zweite politökonomisch erzeugte Konflikt der Individuen einher: die Konkurrenz!

Dass in einer solchen Gesellschaft die Konkurrenz ihrer Mitglieder untereinander zu ihrer absurdesten Regel gehört, sollte nicht erstaunen. Denn nicht nur die vielen Besitzlosen konkurrieren um die Arbeit, wonach sie bei den wenigen Eigentümern der Produktionsmittel anfragen, sondern die Eigentümer selbst müssen notwendig untereinander konkurrieren, damit sie ihre Marktanteile erhalten und erweitern können. Dass Konkurrenz nur dann Sinn ergibt, wenn zumindest zwei Menschen dasselbe wollen, wovon es nicht für beide genügend gibt, ist noch verständlich. Das heißt, die Legitimation von Konkurrenz ist grundsätzlich die tatsächliche Knappheit dessen, worum konkurriert wird. In der verkehrten Gesellschaft konkurrieren sie alle untereinander, nicht weil etwa wenige Güter produziert werden. Das Absurde daran ist, dass zu viele Güter hergestellt werden (Butterberge, Milchseen…), die man sogar wegen ihrer Vielzahl von Zeit zu Zeit vernichten muss (Kapitalvernichtung in der Krise). Sie müssen vernichtet werden, obwohl in der Gesellschaft Massenarmut beklagt wird. Nun stellt sich die Frage, ob die Menschen tatsächlich um Güter konkurrieren, die massenhaft vernichtet werden! Es ist der geniale Einfall der Tauschgesellschaft, die Verteilung der Güter mit dem Zugriffsmittel Geld zu regulieren. Das Zugriffsmittel Geld auf die Güter fällt jedoch für die abhängig Beschäftigten notwendig knapp aus, da sie als Lohn einen geringeren Wert erhalten, als sie mit ihrer Arbeitskraft an tatsächlichem Wert produzieren. Diese Differenz zwischen dem Lohn und dem tatsächlich hergestellten Wert bildet die Quelle des Mehrwerts und somit die Quelle von Armut für die abhängig Beschäftigten und des Reichtums der Kapitaleigentümer. Diese Differenz ist der Grund, warum die abhängig Beschäftigte die durch ihre Arbeit produzierten Waren nicht in ihrer Gesamtheit käuflich zurück erwerben können, wenn sie es wollten. Ihre Kaufkraft entspricht ihrem Lohn und fällt deshalb x-fach geringerer aus als ihre Produktionskraft. Die Differenz zwischen ihrer Kaufkraft und ihrer Produktionskraft erklärt, warum sie notwendig weniger konsumieren müssen, als die Menge, die sie produzieren. Und sie erklärt zugleich, dass der Rest ihrer Produktion, auf den sie wegen ihrer geringen Kaufkraft keinen Zugriff haben, durch den Export in ausländische Märkte andere kaufkräftige Kunden finden muss. Wenn Tyler den Konsum kritisiert, dann hat er seine Wirtschaftsordnung vielleicht doch nicht ganz begriffen, deren Finanzzentren er in die Luft jagen will.

Vielleicht stört Tyler am Konsum, wie durch die Werbung versucht wird, den Konsum anzukurbeln. Mit den Werbestrategien erhoffen die Warenanbieter langwierige Sinnproduktionen, die die Waren gerade über ihren Bedeutungswertigkeit hinaus zu einem Erlebniswert erklären. Dabei unterbereiten sie den Kunden Identitätsangebote durch Werte-Inszenierungen. Deshalb kann zum Beispiel die Inszenierung von Natürlichkeit für eine Ware wie die Seife vielversprechend sein, obwohl es sich dabei um eine Paradoxie handelt und Tyler möglicherweise u. a. deshalb zur Konsumkritik verleitet. Ein Kulturprodukt, dessen eigentlicher Zweck es ist, die Distanzierung des Menschen von der eigenen ‚Naturhaftigkeit' zu realisieren, wird als Naturprodukt angegeben, das eine scheinbare Rückführung zur Natur möglich machen soll. Will Tyler vielleicht die Maske dieser Paradoxie zu Fall bringen? Eine Maske, die er dadurch zu Fall bringen will, indem er das Fett aus Fettabsaugkliniken zur Seifen- und Dynamitherstellung benutzt, die Seife als Luxusseife an Kaufhäuser mit hoher, weiblicher Kundenkaufkraft verkauft und mit dem brisanten Stoff Anschläge auf die Finanzwelt organisiert? Sein Motiv ist es, die bestehende gesellschaftliche Ordnung zum Umsturz zu führen. Damit man sein Leben nicht mehr als *Depression*[7] wahrnehmen muss. Denn „du bist nicht dein Job, du bist nicht das Geld auf deinem Konto, nicht das Auto, das du fährst, nicht der Inhalt deiner Brieftasche und nicht deine blöde Cargohose – du bist der singende, tanzende Abschaum der Welt"[8], lässt Tyler uns wissen.

---

[7] Fight Club, min. 68:01

[8] Ebd.: min. 81:00

Quellenverzeichnis

Ashenburg, Katherine: Clean. An Unsanitised History of Washing. London 2008.
Fight Club (USA/Deutschland 1999, R: Fincher, David).
Frege, Gottlob: Über Sinn und Bedeutung. In: Zeitschrift für Philosophie und philosophische Kritik, NF 100, 1892.
Marx, Karl: Ökonomisch-philosophische Manuskripte -1844. In: MEW, Bd. 40, Berlin 1963.
Spinoza, Baruch de: Ethik in geometrischer Ordnung dargestellt. Hamburg 2007.

BBQ_Art 6

Dennis Janzen

Bildwerdung und Bild(z)erstörung. Ein kunstwissenschaftlicher Versuch.

„Ich mache und verkaufe Seife! Das Eichmaß der Zivilisation!"[1]

Es ist eine trostlose Szenerie in flächigem Grau-Schwarz, nur durchbrochen von vereinzelten Streifen blauen Neonlichts, in der der namenlose Erzähler und sein *Alter Ego* Tyler Durden ihren zukünftigen Status verhandeln. Wie in einem Gemälde Edward Hoppers mag die kalte, klare Linienführung des Hintergrunds metonymisch das von Einsamkeit geprägte Seelenleben des Erzählers darstellen, in das nun überraschend – quasi auf einen Schlag – eine neue Konstante eingebrochen ist.[2] Dass Bilder in der filmischen Narration mitunter höchste Bedeutsamkeit beim Transport geahnter Seelenstimmung haben, muss hier als Gemeinplatz nicht erörtert werden – man denke nur kurz an die entsättigten Darstellungen der trostlosen Dienstleistungsgesellschaft im Gegensatz zur warmen, orange-roten Farbgebung der Fight Clubs in David Finchers gleichnamigem Film. Es ist ein anderer Bildbegriff, der in *Fight Club* unterschwellig verhandelt wird und der mir hier den Anlass zu einem kurzen, kunstwissenschaftlichen Versuch gibt. Die Grundthese ist einfach: Der namenlose Erzähler schafft aus einem gewissen Minderwertigkeitsgefühl heraus ein besseres Bild seiner selbst, namentlich Tyler Durden. Dieses Bildwerk gefällt sich selbst allerdings nicht in rein projektierter Passivität, sondern beginnt aggressiv, a) selbst weitere Bilder zu erschaffen und b) andere Bilder – zumal solche mit hegemonialem Charakter – zu stören oder zu zerstören.

---

1 Fight Club (USA/Deutschland 1999, R: Fincher, David), min. 32:57.

2 Kappert, Ines: Der Mann in der Krise oder: Kapitalismuskritik in der Mainstreamkultur. Bielefeld 2008, S. 106.

I – Bildwerdung

Das Auftauchen Tyler Durdens hätte für den Erzähler nicht zwingend eine Überraschung sein müssen. Nicht nur, dass Tyler sich durch mehrfaches Aufblitzen (siehe „Bildstörung") als Einzelbild auf dem Zelluloid und so vermutlich auch im Wahrnehmungsraum des Erzählers ankündigt; er ist auch das Endprodukt einer Evolution des mentalen Bildes, die in schnellen Schritten vom Geist des Erzählers in die äußere Welt drängt. Ausgehend von einem der Dienstleistungsgesellschaft entwachsenen, negativen Selbstbild als „Kopie einer Kopie einer Kopie,"[3] das selbst keine definierenden Eigenschaften mehr hat und deshalb auf (mangelhafte) Substitute angewiesen zu sein scheint – „Ich blätterte Kataloge durch und fragte mich, welche Esszimmer-Garnitur wohl meine Persönlichkeit definiert"[4] – sucht der Erzähler nach anderen Möglichkeiten, sich nach innen und außen zu repräsentieren. Die Problematik der inadäquaten Repräsentation, des fehlenden Selbst- und Außenbildes in einer Gesellschaft der Vereinzelung machen ihn zu einer defizitären Sozialfigur[5] und letztlich auch schlaflos und krank. In Selbsthilfegruppen findet der Erzähler vorerst Erlösung – und ein Offenbarungsereignis zwischen den „riesigen schwitzenden Titten" des ehemaligen Bodybuilders Bob, „so gewaltig, wie man sich die von Gott vorstellen würde."[6] Auf dessen T-Shirt hinterlassen die Tränen des namenlosen Erzählers erstmals wieder etwas, das ihm längst verloren geglaubt schien: Das originäre, indexikalische Abbild seines Innenlebens. Der tränengetränkte Abdruck erinnert wohl nicht zufällig an die Klecksbilder des Rorschachtests, jenem projektiven Test, mit dem Psychoanalytiker versuchen, die Persönlichkeit des Probanden zu erfassen.[7] Der Erzähler schafft es, ein eigenes Seelenbild zu erschaffen und nach außen zu transportieren; ein Befreiungsschlag, der ihm sofort den lang ersehnten Schlaf zurückgibt.

Fortan wird er „süchtig"[8] nach Selbsthilfegruppen. Es wird gezeigt, wie die Sitzungen mentale Bilder evozieren („Stellt euch euren Schmerz vor als weißen Ball aus heilendem Licht [...] behaltet das Bild, denkt daran zu atmen..."[9]) und den Erzäh-

---

3 Fight Club, min. 03:56.

4 Ebd.: min. 05:08.

5 Die weitere Betrachtung dieses Aspekts soll fachlich den soziologischen Beiträgen in diesem Band überlassen werden.

6 Fight Club, min. 03:35.

7 Eine andere, auf – gewiss vorhandene – christologische Implikationen des Films zielende Deutung könnte an die Vera Ikon oder das Abbild Christi auf dem Turiner Grabtuch denken lassen. Passend dazu erklingen geistliche Gesänge.

8 Fight Club, min. 09:08.

9 Ebd.: min. 09:57.

ler sein Inneres erkunden lassen, wo er in „seiner Höhle", einer frostigen Eiskaverne, auf „sein Krafttier" trifft, deutbar als ein weiteres mentales Selbstbildnis. Man mag bereits ahnen, dass ein Pinguin nicht den finalen Erfolg bei der Suche des Erzählers nach einer geeigneten Repräsentation seiner selbst darstellt: Im Schwarz-Weiß des Pinguins und seiner indifferenten Anweisung „Gleite!"[10] spiegelt sich letztlich doch nur die Ununterscheidbarkeit von Dichotomien wie gut/böse, richtig/falsch, die konsumistischen Sinnsuche des Erzählers am Beispiel des Yin-Yang-Wohnzimmertischs und seine widerstandslose Integration in eine kalte Arbeitswelt wider. Entsprechend schnell wird seine Bild- und Sinnsuche gestört von „einem Mädchen namens Marla Singer"[11], das fortan den Platz seines Seelentiers einnimmt. Die männliche (Selbst-) Vorstellungskraft wird von mächtigen Bildern des Weiblichen gestört, von denen Marla Singer mindestens drei repräsentiert, „Kindfrau, Schlampe, Vamp"[12]. Marlas Auftauchen markiert aber auch den Zeitpunkt, an dem Tyler Durden zum ersten Mal aufblitzt.

Tyler ist das stärkste mentale Bild des Films; so stark, dass es selbst Einfluss auf die äußere Welt nehmen kann und in der Quasi-Abwesenheit des namenlosen Erzählers beeindruckende Handlungen vollführt. Es muss angemerkt werden, dass die Bedeutungen und Eigenschaften mentaler Bilder in Psychologie, Philosophie und der Kunst- bzw. Bildwissenschaft kontrovers diskutiert werden.[13] Der Begriff „meint im Wesentlichen anschauliche Vorstellungen und spielt eine zentrale Rolle in mentalistischen Repräsentationstheorien"[14]; zahlreiche Theorien wurden entwickelt, um die Formen und Eigenschaften mentaler Repräsentationen aufzuzeigen. Einflussreich hat sich dabei die Familie der *Imagery*-Theorien gezeigt,[15] die „von der Existenz spezifischer bildhafter Vorstellungen" ausgeht und somit „einen Typus von mentalen Repräsentationen [...] in expliziter Analogie zu Bildern" modelliert.[16] Die Verbindung von mentalen zu äußeren Bildern, abseits von sensorischen *Netzhautbildern,* wird im

10 Ebd.: min 10:33.

11 Fight Club, min. 03:00.

12 Kappert: Der Mann, S. 121.

13 Für die Diskussion und Kompilation der verschiedenen Standpunkte hat sich vor allem Klaus Sachs-Hombach verdient gemacht. (Sachs-Hombach, Klaus (Hg.): Bilder im Geiste. Zur kognitiven und erkenntnistheoretischen Funktion piktorialer Repräsentationen. Amsterdam 1995.)

14 Sachs-Hombach, Klaus/Schürmann, Eva: Philosophie. In: Sachs-Hombach, Klaus (Hg.): Bildwissenschaft. Disziplinen, Themen, Methoden. Frankfurt am Main 2005, S. 110.

15 Grundlegend: Kosslyn, Stephen: Image and Brain. The Resolution of the Imagery Debate. Cambridge, MA, 1994.

16 Schwan, Stephan: Psychologie. In: Sachs-Hombach, Klaus (Hg.): Bildwissenschaft. Disziplinen, Themen, Methoden. Frankfurt am Main 2005, S. 125.

Allgemeinen kritisch gesehen, haben sie doch hauptsächlich Abbildcharakter, ohne spezifisch mediale Aspekte zu transportieren.[17] Jenseits der wissenschaftlichen Diskussion nimmt sich *Fight Club* die Freiheit, Tyler Durden als mental-bildliches, aber handlungsfähiges Produkt einer schizophrenen Persönlichkeitsstörung[18] vorzustellen. Er steht somit einer rein repräsentationalistischen Bildauffassung entgegen und ist einer magischen Auslegung entsprechend Referent und Bild zugleich[19], allerdings nicht in einer Urbild-Abbild-Relation[20], sondern im Sinne einer spontanen, konstruktiven Tätigkeit des Geistes, also als Subjekt-Objekt-Verbindung.[21] Nur ganz selten lässt Tyler sich mit einem Vorbild in Verbindung bringen – etwa, wenn er in der Wanne sitzt wie ein doch noch lebendiger Marat.

Seine eigene Genese, die Bildwerdung eines Gedanken, überträgt Tyler Durden nun mit größtem Eifer und unbändiger Energie auf seine Umwelt: Die Männer in den Fight Clubs müssen geformt, skulptiert werden, von keksteigweicher Masse in eisenharte Körper verwandelt werden („wie gemeißelt"[22]). Wie schon Arnold Schwarzenegger werden auch die Kämpfer zu „lebenden Skulpturen"[23], treten statt als Sklaven der Dienstleistungsgesellschaft als vitalisierte Bilder des starken, schönen Mannes[24]: „*Fight Club* spielt mit dieser Ikonographie des extrem durchtrainierten männlichen Körpers. Auf der ikonographischen Ebene bedient er die Fetischisierung des männlichen Körpers und seine Kodierung als fit für den gegenwärtigen Kampf der Gesellschaft"[25].

Es ist aber nicht nur die Stählung des Körpers, die vom Fight Club bestimmt wird, sondern auch die Zerstörung oder zumindest Markierung desselben. Die „Sichtbar-

---

17 Ebd.: S. 125, vgl. auch die umfassende Diskussion bei Gottschling. (Gottschling, Verena: Mental Pictures: Pictorial? Perceptual? In: Sachs-Hombach, Klaus (Hg.): Bildwissenschaft zwischen Reflexion und Anwendung. Köln 2005 .)

18 Vgl. den Beitrag von Lisa Lorenz in diesem Band.

19 Es könnte auch darüber spekuliert werden, ob die Evolution der mentalen Bilder des Erzählers dem Peirce'schen Zeichenbegriff folgt. Dann wäre der „Rorschachtest" ein Index, der Pinguin ein Symbol und Tyler ein Ikon.

20 Außer, man geht davon aus, dass der „Tyler", der auf der Rolltreppe am Erzähler vorbeifährt und in ihm den Wunsch aufkeimen lässt, als ein anderer aufzuwachen, nichts außer seiner visuellen Erscheinung mit dem mentalen Konstrukt „Tyler" gemein hat – dann hätte das Tyler-Bild ein Vor- bzw. Urbild.

21 Sachs-Hombach/Schürmann: Philosophie, S. 112.

22 Fight Club, min. 42:46.

23 Schwarzenegger, Arnold: Bodybuilding für Männer. München 1982, S. 258; Honer, Anne: Kleine Leiblichkeiten. Erkundungen in Lebenswelten. Wiesbaden 2011, S. 109.

24 Kappert: Der Mann, S. 107.

25 Ebd.: S. 110.

machung von Schmerz"[26] ist das zentrale Element der von Tyler Durden organisierten *Happenings*. Im Kampf platzt die skulpturale Oberfläche auf, wird zerschlagen und muss wieder genäht werden, es bleiben sichtbare Narben, die in ihrer Einzigartigkeit einen für Eingeweihte dechiffrierbaren visuellen Code ergeben.[27] Aus der Kunstgeschichte ist uns die Gleichzeitigkeit eines schönen, aber zerschlagenen Körpers aus Darstellungen Christi als „Schmerzensmann" bekannt und so verwundert es auch nicht, dass die höchste Auszeichnung Tylers für seine verdienten Schmerzensmänner – die chemische Verbrennung auf dem Handrücken – letztlich der Mandorlaform der christlichen Seitenwunde gleicht[28]. Tyler Durden, dessen Handeln als Erfahrungs- und Bildgestalter ihn als Künstler ausweist,[29] nötigt den Männern das Opfer ihrer entindividualisierten Oberfläche ab und ermöglicht ihnen eine resozialisierte Auferstehung als Bildwerk mit eingeschriebener Bedeutung: „I don't want to die without any scars."[30]

II – Bild(z)erstörung

Dies ist allerdings nur der erste Schritt. Die neu geformten Männerkörper werden im folgenden „Project Mayhem" in schwarze Uniformen gesteckt, ihnen wird der Schädel rasiert und ein neofaschistisches, erneut subjekt-, da namenloses System gegründet. Man mag mutmaßen, dass Tyler Durdens Bildschaffungsakte stets doppelbödig sind: Sein eigenes Erscheinen wird mit einer Bildstörung markiert, zunächst ist er nicht mehr als ein aufflackerndes Einzelbild im Filmstreifen. Einmal körperlich manifestiert, beginnt er sich gegen andere Bilder zu wehren, sie subversiv oder aggressiv zu stören oder zu zerstören. Sein Vorgehen ist dabei kein blinder oder ignoranter Bildersturm, sondern eine in Tylers nihilistischer Weltanschauung fundierte Guerillaaktivität: In Trickfilme – und es darf hier durchaus der Disneykonzern als Stellvertreter einer zu attackierenden Kulturindustrie assoziiert werden – schneidet er Einzelbilder aus Pornofilmen und gibt Anweisung zur Zerstörung von „Firmenkunstwerken". Einem Verwaltungshochhaus setzt er mit einem Brandanschlag ein Lächeln

26 Ebd.: S. 107.
27 Vgl. auch die Beiträge von Sacha Szabo, Elke Regina Maurer und Iris Köhler in diesem Band.
28 Vgl. auch Anm. 7.
29 Bätschmann, Oskar: Der Künstler als Erfahrungsgestalter. In: Stöhr, Jürgen: Ästhetische Erfahrung heute. Köln 1996.
30 Fight Club, min. 32:56.

auf die Fassade. Sein Ikonoklasmus[31] richtet sich aber nicht nur gegen Konzerndenkmäler, auch den klassischen Kanon der Hochkunst erkennt er als hinfällig an: „Sogar die Mona Lisa verfällt."[32] Nur kurz zu sehen ist der Hinweis darauf, dass sich Tyler Durden auch in den laufenden Kunstbetrieb einmischt. Unter den Zeitungsartikeln, die seine (Un)Taten dokumentieren, findet sich die Schlagzeile „Performance Artist molested"[33]. Letztlich zählt nur der Tod als „hochmoderne Kunst"[34] und auch den Erzähler befällt in Folge der Drang, „etwas Schönes kaputt(zu)machen"[35].

Kurz springt Tylers Eigenart der Bildstörung auch in die Sphäre des Betrachters über: In einer Szene wendet er sich direkt, in einem leinwandfüllenden, radikalen *close-up* an den Zuschauer und hält ihm eine Standpauke. Diese ist so heftig, dass der Filmstreifen im Räderwerk des Projektors scheinbar erschüttert wird und hin- und herzuspringen beginnt. Bevor es durch die physikalische Belastung zu einem Filmriss kommen kann, wendet Tyler sich ab „und sonnt sich in der eigenen Übermacht: Die Imago hat Laufen gelernt und verspottet seine Erzeuger"[36]. *Fight Club* wird an mehreren Stellen von derart selbstreflexiven Momenten durchbrochen („Mir fällt noch immer nichts ein!" – „Aha! Rückblendenhumor…"[37]). Auch das ist ein Ikonoklasmus, erinnert er doch den Kinobesucher daran, sich nicht der Illusion des vorgespielten Bildes hinzugeben, sondern sich seiner Funktion als Rezipient eines technisch-apparativen Schauspiels zu besinnen.

Mit dem Verschwinden Tylers im letzten Drittel des Films wird die Bildfrage wieder an die Identitätsfrage als Anfang des Dilemmas rückgebunden. Der namenlose Erzähler verliert sein äußeres Bild, seine Mentalprojektion, und macht sich auf die Suche nach Tyler. Was er erlebt ist ein „permanentes Déjà-vu"[38], die Jagd nach einem Unsichtbaren, quasi die Negation eines validen, verwert- und verhandelbaren Welt-Bildes. Was er verloren hat, ist allerdings im Erfahrungsschatz seiner Umwelt angekommen. Für den Erzähler zunächst vollkommen unverständlich, wird er als Tyler wahrgenommen, die Metamorphose von Dr. Jekyll zu Mr. Hyde (bzw. „Mr. Arsch"[39]) hat sich vollzogen, sein Außenbild wurde vollständig überblendet. Deshalb

31 Grundlegend: Gamboni, Dario: Zerstörte Kunst. Bildersturm und Vandalismus im 20. Jahrhundert. Köln 1998.

32 Fight Club, min. 45:18.

33 Ebd.: min. 77:53.

34 Ebd.: min. 20:05.

35 Ebd.: min. 93:04.

36 Kappert: Der Mann, S. 117

37 Fight Club, min. 124:37.

38 Ebd.: min. 105:28.

39 Ebd.: min. 113:13.

ist Lösung des Konflikts auch mit der Zerstörung seines Gesichts verbunden: Durch einen Schuss ins Gesicht macht der Erzähler sich unkenntlich („Sie sehen furchtbar aus, Sir, was ist passiert?“[40]) und ersetzt das Bild des starken, überragenden Tyler Durden mit dem eines zerschundenen Mannes, der nicht einmal mehr Hosen trägt.
Der Film *Fight Club* stellt ebenso wie seine Figur *Tyler Durden* ein ambivalentes Bildverständnis aus: Sie sind sich ihrer Bildhaftigkeit bewusst und produzieren manisch und lustvoll Bilder, die durchaus als schön oder ästhetisch angesehen werden können – der Film mit seinen technisch überragenden Kamerafahrten, den rhythmischen Schnitten, der Licht- und Farbinszenierung, die Figur als Erfahrungsgestalter und Trainer der kunstvoll modellierten Männerkörper. Gleichzeitig ist ihnen ein tiefes Misstrauen vor Bildern eingeschrieben, so dass diese – kaum erschaffen – sofort wieder dekonstruiert werden müssen. Aus den Helden der Fight Clubs wird eine Armee kahler, namenloser „Weltraumaffen“[41], aus dem stylischen Actionkino ein selbstreflexives „theatre of mass destruction“[42]. Auf der narrativen Ebene endet der Film dann auch mit einer letzten Bildzerstörung: In gewaltigen Explosionen vergeht die bestimmende Architektur einer Metropole. Auf der filmischen Ebene wird dieses nun eben doch wieder schöne Bild aus der kulturindustriellen Traumfabrik aber ebenfalls gestört: Mit dem erneuten Aufblitzen eines Porno-Bildes wird der Zuschauer in den Abspann entlassen.

40 Ebd.: min. 128:53.
41 Ebd.: min. 86:26.
42 Ebd.: min. 02:31.

Quellenverzeichnis

Bätschmann, Oskar: Der Künstler als Erfahrungsgestalter. In: Stöhr, Jürgen: Ästhetische Erfahrung heute. Köln 1996.

Fight Club (USA/Deutschland 1999, R: Fincher, David).

Gamboni, Dario: Zerstörte Kunst. Bildersturm und Vandalismus im 20. Jahrhundert. Köln 1998.

Gottschling, Verena: Mental Pictures: Pictorial? Perceptual? In: Sachs-Hombach, Klaus (Hg.): Bildwissenschaft zwischen Reflexion und Anwendung. Köln 2005.

Honer, Anne: Kleine Leiblichkeiten. Erkundungen in Lebenswelten. Wiesbaden 2011.

Kappert, Ines: Der Mann in der Krise oder: Kapitalismuskritik in der Mainstreamkultur. Bielefeld 2008.

Kosslyn, Stephen: Image and Brain. The Resolution of the Imagery Debate. Cambridge, MA, 1994.

Sachs-Hombach, Klaus (Hg.): Bilder im Geiste. Zur kognitiven und erkenntnistheoretischen Funktion piktorialer Repräsentationen. Amsterdam 1995.

Sachs-Hombach, Klaus/Schürmann, Eva: Philosophie. In: Sachs-Hombach, Klaus (Hg.): Bildwissenschaft. Disziplinen, Themen, Methoden. Frankfurt am Main 2005.

Schwan, Stephan: Psychologie. In: Sachs-Hombach, Klaus (Hg.): Bildwissenschaft. Disziplinen, Themen, Methoden. Frankfurt am Main 2005.

Schwarzenegger, Arnold: Bodybuilding für Männer. München 1982.

BBQ_Art 7

Institut für Theoriekultur

Das politische Testament der Unterhaltungswissenschaft

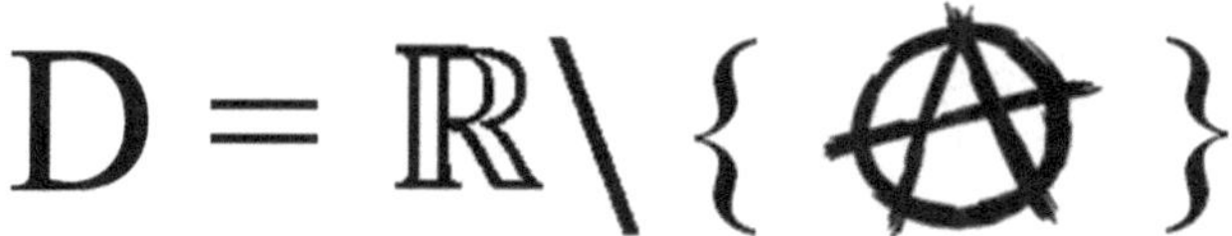

Das Chaos – Komplement für den Kosmos

Chaos:
(griechisch χάος, cháos)
ist ein Zustand vollständiger Unordnung oder Verwirrung und damit der Gegenbegriff zu Kosmos.

Kosmos: (altgriechisch κόσμος kósmos ‚(Welt-) Ordnung.
Die Ordnung unserer Welt, der Kosmos, entstand aus einem unmessbar kleinen und nahezu unendlich heißen Punkt; die Anfangssingularität. In dieser Einheit gab es weder Raum noch Zeit noch Materie.[1] Die totale Immanenz von Allem! Unmittelbar nach dem Big Bang, der Loslösung des Raumes aus der Anfangssingularität, die 10-

43 Sekunden nach dem Urknall den Siegeszug anbrach,[1] begann die monolaterale Hegemonie des Kosmos, also der Ordnung. Unter dieser kosmologischen Aufsicht entstand alles, was wir heute kennen und jemals kennen lernen werden. Hätte sich da nicht ein weiterer, gesellschaftlicher Big Bang vollzogen, der wesentlich länger andauerte und heute vielleicht sogar noch andauert: die gesellschaftliche Emanzipation von Natur und Ordnung! Ab diesem Punkt existierte die Möglichkeit, den geordneten Prozess komplett zu machen; das bewusste Hinzufügen des fehlenden Komplements, Chaos, generiert eine neue, vollständigere Form der sozialen Existenz. Wenn der dichotome Zustand, der unseren Kosmos von der Quantenmechanik bis zum Justizsystem bestimmt, schon durch Ordnung und Chaos definiert ist, ist es dann nicht unsere Aufgabe, wenn wir dies erkennen, das Chaos als Gegenpol zu akzeptieren?
Damit soll nicht die Frage geklärt sein, ob es sinnvoll, notwendig oder gut ist, einen Firesale[2] zu generieren oder durch die Gründung von Fight Clubs im Rahmen des „Projektes Chaos“[3] die herrschende Ordnung anzugreifen oder umzustürzen; denn WENN die Erzeugung von Chaos ein Regeläquivalent zur hegemonialen Struktur der Ordnung aufweist, ist nichts gewonnen. Die Komplementarität kommt ausschließlich zur Geltung, wenn in dieser dichotomen Welt zu jedem Punkt ein Gegenpunkt, zu jedem Prozess ein Gegenprozess und zu jeder Struktur eine Gegenstruktur geschaffen wird. Und selbst dies wäre nicht ausreichend, denn eine Gegenstruktur könnte ausschließlich geschaffen werden, wenn die Struktur der Referenz existent bliebe, da die neu generierte als Gegenpol zur alten fungieren müsste. Häufig sind Strukturen aber exklusiv und nicht kombinierbar, am wenigsten mit ihrem Gegensatz, so zeigt sich, dass die Negation einer Struktur eine Nichtstruktur wäre.
Daraus ergibt sich die Definitionsmenge alles Realen ($\mathbb{R}$[5]), außer Anarchie; denn die Sozialstruktur folgt den Regeln einer Gesellschaftsordnung:

$$D = \mathbb{R} \setminus \{ \text{Ⓐ} \}$$

Die Abwesenheit von Herrschaft, wie die Anarchie sie fordert, entspricht nicht der Definition von Chaos und ist aus diesem Grunde nicht zugelassen. Der Gegenpol

---

1 Vgl. Lesch, Harald/Zaun, Harald : Die kürzeste Geschichte allen Lebens – Eine Reportage über 13,7 Milliarden Jahre Werden und Vergehen. 3. Aufl. München 2008, S. 13-39.

2 Vgl. ebd.

3 Ein Firesale ist eine Zerstörung der Infrastruktur wie Transportwesen, Kommunikation und Strom. Siehe: Stirb langsam 4.0 (USA/2007, R: Wiseman, Len. 129 Min).

wäre ein Zustand (wie oben beschrieben) ohne Struktur; dieser ist jedoch nur theoretisch und kognitiv herzustellen, denn selbst nach einer vollständigen Reduktion alles kulturellen, bzw. unnatürlichen bliebe eine Struktur und Ordnung: die genuine Ordnung der Dinge! Diese jedoch widerspräche der vorgegebenen Prämisse, nach der eine Ordnung nicht zugelassen ist. So soll es als Aufgabe angesehen werden, einen chaotischen Zustand in unserer geordneten Welt herzustellen, um die Wahrnehmung des Kosmos zu vervollständigen. Denn nur wer einen vollständigen und kompletten Blick auf die Dinge hat, ist in der Lage, zu feststellen…

Anselm Geserer
für das
Institut für Theoriekultur

Sacha Szabo

Nachtrag

… ach ja … unsere Anfragen an Tyler Durden wegen der Teilnahme (siehe Einleitung): Vier der fünf Postkarten sind zurückgekommen. Tyler Durden ist wohl unbekannt verzogen.

P.S. Was uns aber wundert: Eine Karte wurde nicht zurückgeschickt. Ob diese wohl doch von jemand entgegengenommen wurde? …

Studien zur Unterhaltungswissenschaft

Wenn Sie Vergnügen an diesem Buch hatten und Freude an der unkonventionellen und unorthodoxen Art wie Wissenschaft betrieben wird, können wir Ihnen auch weitere Bücher aus der Schriftenreihe des Instituts für Theoriekultur empfehlen.

Die Unterhaltungswissenschaft widmet sich der Frage nach dem tieferen Sinn unserer Unterhaltungskultur. Wir gehen der Frage nach, warum „Herr der Ringe“ eine Kriegserklärung an die Moderne ist. Beschäftigen uns mit der Zeitreise im „Terminator“ und stellen beim Online Rollenspiel „World of Warcraft“ die Geschlechterfrage. Auch fragen wir „Data“ wie es sich denn so als Android lebt und untersuchen das Regierungssystem im Dschungel Mowglis.

In diesem Buch untersuchen wir die Erzählungen, die die Werbung beständig an uns heranträgt aber nie ausspricht. So demonstrieren wir, wie sich bei „Weleda“ die Firmenphilosophie in die Produkte einschreibt. Zeigen erfolgreiches „Streetmarketing“ bei der Firma „Rothaus“ und widmen uns der Frage was einen „John Deere“ Traktor so einzigartig macht.

Seit dem 5. November 2001 liegt der Spreepark-Plänterwald im Dörnröschenschlaf. Die verwilderte Anlage mit den verrotteten Attraktionen bildet ein poetisches Bild des Verfalls. Und doch glaubt man bei der Betrachtung dieses Geländes all den Trubel von 40 Jahren Rummel noch zu hören.
Christopher Flade und Sacha Szabo, zwei bekannte Freizeitparkexperten, machen sich zusammen mit dem Leser auf eine spannende Spurensuche. Dazu wurden 20 Zeitzeugen zu ihren Erlebnissen im Spreepark befragt. Herausgekommen ist kein konventioneller Parkführer, der diesem besonderen Ort auch gar nicht gerecht würde, herausgekommen ist eine liebevoll zusammengetragene literarisch-wissenschaftliche Parkführung, die Einblicke in 40 Jahre Parkgeschichte gibt.
Und so gibt es nur noch eines zu wünschen: Viel Vergnügen!

Jedes Jahr reisen tausende Deutsche nach Mallorca um Ballermann-Partys zu feiern. Gerne wird dies auf die Formel: Sonne, Suff und Sex gebracht. Dieses spannende Buch zeigt aber, dass Ballermann mehr ist als ein banales Besäufnis. Es ist ein einzigartiges soziales Phänomen, das spannenderweise gleichermaßen eine Marke ist, unter deren Dach sich Menschen zu Party-Gemeinschaften versammeln um außeralltägliche Erlebnisse zu genießen.
Mit einem detailverliebten Blick schafft es Sacha Szabo auch in diesem Buch eine unterhaltsame und leicht lesbare wissenschaftliche Analyse vorzulegen, die zeigt, dass Wissenschaft auch ein Genussmittel sein kann. Sozusagen im Vorbeigehen an der Festgemeinschaft wird en passant dabei eine Festtheorie entwickelt, die die Struktur und die Elemente fast jedes Festes aufzuzeigen vermag und so die Formel für gelungene Events entschlüsselt.
Dr. Sacha Szabo, Unterhaltungswissenschaftler am Institut für Theoriekultur, Freiburg. Szabo machte sich einen Namen als Forscher von sozio-kulturellen Massenphänomenen, wie Volksfesten und Freizeitparks. Mit diesem Buch legt er seine neueste Studie vor, die sich dem sozialen Phänomen „Ballermann" widmet und beides sein will: eine Wissenschaft von der Unterhaltung und unterhaltende Wissenschaft.

Institut für
THEORIE
KULTUR
Freiburg

Zeitfracht Medien GmbH
Ferdinand-Jühlke-Straße 7
99095 Erfurt, Deutschland
produktsicherheit@kolibri360.de